TERRASSES & PATIOS

CONCEVOIR
AMÉNAGER
DÉCORER

TERRASSES & PATIOS

GUY LOISON

rustica éditions

SOMMAIRE

Dépôt légal : avril 2009

ISBN : 978-2-84038-912-5

N° d'éditeur : 49387

www.rustica.fr

AVANT-PROPOS

Soyez les bienvenus !

Je vous invite à une promenade, pour découvrir tous les aspects de votre prochaine terrasse. Au bout de l'allée, vous aborderez les matériaux qui composeront le revêtement de sol. Au détour d'un bosquet, ce sont les solutions d'aménagement que vous pourrez examiner, quelles que soient vos envies, vos contraintes ou la configuration de votre jardin. Et çà et là, quelques détails, des figures de style, des créations originales, des réalisations exceptionnelles jalonneront la visite. Ils nourriront votre imagination et sauront vous apporter, je l'espère, cette petite touche indéfinissable, ce raffinement délicat, qui distingue les réalisations prestigieuses, et la vôtre pour commencer. Car l'unique but de cet ouvrage est de vous inciter à la flânerie, pour apprécier tout ce que peut offrir une terrasse d'exception : elle apporte une plus-value certaine à un patrimoine ; elle ouvre un nouvel espace de vie et, souvent, elle signe la première impression de vos visiteurs lorsqu'ils parviennent jusque dans le secret de votre jardin.

Bonne découverte.

Guy Loison

Les terrasses en bois

Implantation, choix de l'essence, style, décoration, protection, équipement... et budget ! Soyez sûr que votre terrasse en bois sera unique tant les paramètres à prendre en compte sont variés. C'est d'ailleurs l'un des grands bénéfices de cette option : en choisissant le bois, vous rompez la monotonie et vous apportez un raffinement singulier à vos aménagements extérieurs. Transition parfaite entre l'intérieur de la maison, auquel elle emprunte la régularité calculée de son implantation, et l'extérieur, qui lui apporte la chaleur de son matériau, votre terrasse en bois est idéale pour enchâsser le style de votre maison dans l'écrin du jardin. Sa conception repose sur une série de principes simples qui guideront votre projet, étape par étape.

En lames ou en dalles ?

De manière classique, en longues lames façon plancher, ou en version plus fantaisie, grâce aux dalles, le premier choix à faire porte sur l'impression générale que doit refléter votre terrasse. C'est une question de style et de goût, comme un shopping dans un magasin de mode. Il faut être curieux, ouvert et envisager toutes les solutions. Dans les deux catégories, lames et dalles, la gamme des variantes est sans limite et joue sur la perspective.

LES LAMES, VRAIES BRUTES OU AGENCEMENT SAGE

Au commencement était la planche, sciée dans le sens du tronc, épaisse, solide et rugueuse. Cet aspect brut existe toujours et se dénomme « coffrage », « platelage » ou « volige ». Ces planches, directement issues du sciage, présentent des longueurs, des largeurs et des épaisseurs diverses. C'est une fourniture de base sur les chantiers, qui sert un peu à tout, support de couverture ou étai pour aider à monter un mur. Les utiliser pour réaliser une terrasse est un détournement récent, dans la tendance nature, qui privilégie le retour aux maté-

Page de gauche *Le charme d'une terrasse en bois est incomparable, notamment lorsqu'il s'agit d'associer les éléments architecturaux, la maison et son environnement, que celui-ci soit végétal ou aquatique. Naturel ou composite, le bois peut résister à l'humidité et être également utilisé au bord d'une piscine, comme ici.*

riaux d'origine, sans fioriture et « dans leur jus ». Outre l'aspect esthétique, le grand avantage de cette solution est financier : le prix de ces planches est imbattable.

La majeure partie des véritables lames de terrasse présente toutefois un aspect bien plus policé. Les dimensions sont calibrées et les différentes qualités de bois sont soigneusement triées, selon des critères simples comme l'épaisseur, ou la présence de nœuds. En largeur, les premières lames mesurent tout juste 5 cm. Aujourd'hui, la tendance est au gigantisme : plus les lames sont larges, mieux c'est. Mais l'investissement est aussi plus important et cette solution ne convient pas aux petites surfaces. Pour la longueur, les règles sont plus souples et importent moins. Les lames sont proposées entre 2 et 4 m.

L'épaisseur de la lame choisie, en revanche, est importante car elle conditionne en grande partie la durée de vie de votre réalisation. Une planche épaisse, de 21 ou 27 mm, est plus rigide. Correctement entretenue, elle résiste mieux au vieillissement. Et il est toujours possible de la restaurer.

Ci-contre Pour les balcons, mais aussi les terrasses découvertes, les fabricants proposent également des solutions alternatives, à l'exemple de ce caillebotis qui, selon son mode de pose, permet d'obtenir un damier ou, comme ici, de figurer un plancher en lames. Dans ce cas précis, il s'agit d'une pose sur plots. Chaque élément est ainsi réglé de niveau avec une grande précision.

En règle générale, les lames de terrasse sont posées en lignes parallèles. Elles peuvent être emboîtées l'une dans l'autre, comme un parquet, grâce à des profils particuliers dotés d'une rainure d'un côté et d'une languette de l'autre. Elles peuvent aussi se poser bord à bord, sans emboîtement, soit l'une contre l'autre soit en laissant un joint plus ou moins large. Cette dernière solution est à privilégier pour les terrasses exposées à la pluie car elle permet au bois de gonfler, sans risque de voir la terrasse gondoler.

LE CAILLEBOTIS OU LE BOIS EN DALLES

Une fois encore, l'inspiration du monde marin laisse sa trace comme un parfum fugace. Car, à l'origine, le caillebotis servait de couvercle aux écoutilles sur le pont des bateaux ; il était donc ajouré, pour apporter un peu d'air frais aux entrailles du navire. Aujourd'hui, la définition a perdu en banalité puisque le caillebotis désigne une dalle, carrée ou rectangulaire, généralement composée de lames préassemblées. L'astuce est pratique : vous composez votre terrasse comme bon vous semble, en longueur comme en largeur, en ajoutant les dalles comme des dominos. Et la pose est plus facile qu'avec des lames. À l'inverse, la fantaisie est moins de mise. Les possibilités d'agencement sont réduites puisquele format est imposé et les découpes délicates.

Le format standard varie de 30 x 30 à 50 x 50 cm. Il est relativement difficile de composer entre ces différentes dimensions, même si cela reste possible, pour des longueurs imposées et après avoir réalisé un plan à l'échelle. Par exemple, cinq dalles de 30 cm alignées mesurent la même longueur que trois dalles de 50 cm. Il est donc possible d'alterner des rangées de 30 ou 50 cm de largeur. Or, 30 + 50 = 80 cm. Soit deux dalles de 40 !

POINT DE HONGRIE ET VERSAILLES

Si vous possédez une terrasse abritée, toutes les variations classiques autour du parquet peuvent être transposées à l'extérieur. Du fameux « point de Hongrie » en forme de V (photo ci-contre) à la coupe à l'anglaise, en passant par le parquet Versailles aux assemblages complexes et rigoureusement codifiés, tout est possible. Attention toutefois, les précautions à rendre sont nombreuses et les contraintes réelles. Seuls des bois denses, peu sensibles à l'humidité, peuvent être employés. Il faut aussi un support résistant et homogène, une dalle de béton, par exemple. La réalisation doit être irréprochable et nécessite donc de recourir à un professionnel. Il faut enfin un entretien régulier et rigoureux pour préserver l'éclat de ce type de réalisation. Ainsi, pour une grande terrasse, le challenge est souvent difficile à tenir. Mais pour un balcon...

Mais ne vous lancez pas dans un projet aussi complexe sans vous être assuré de la disponibilité des différents formats de dalle chez votre revendeur. Très souvent, le nombre de références est réduit. Seules la largeur des lames qui composent le caillebotis et la nature du bois servent à différencier les modèles.

Ci-dessus Facile à installer, sur la plupart des supports et même la terre battue, le caillebotis permet de réaliser rapidement une terrasse complète, à moindres frais. Mais, pour en assurer la pérennité dans le temps, une bonne préparation reste nécessaire, notamment pour éviter les déformations.

Les bois exotiques

L'exotisme est à votre porte. Ou plutôt à celle de votre revendeur. Car les échanges internationaux profitent à plein du commerce du bois, représentant une part significative du trafic maritime et une ressource financière conséquente pour les pays exportateurs. Et c'est là que le choix d'apparence anodine concernant votre projet de terrasse prend une tout autre envergure, éthique, politique et responsable. Car, à l'instar de l'effet papillon qui postule qu'un événement mineur isolé peut entraîner des conséquences capitales généralisées, le choix du bois pour votre terrasse peut favoriser les trafics les plus odieux ou un développement durable des pays exportateurs. Ainsi, les forêts primitives de la ceinture tropicale peuvent être détruites pour financer des dictatures ou des conflits locaux, en Birmanie par exemple, et le trafic d'armes, en Afrique notamment. Ces déforestations sauvages ont également de graves conséquences sur l'appauvrissement des sols, le développement des zones arides, les dégâts provoqués par les aléas climatiques. Lorsque la forêt a disparu, le sol devient rapidement stérile, incultivable et prêt à être emporté avec les premières inondations. Cette ressource, renouvelable par définition, est alors définitivement détruite.

Double page suivante Laissées à l'air libre, sans protection particulière, toutes les essences de bois sont soumises au rayonnement solaire qui provoque leur décoloration. Ainsi, même les tons les plus vifs finissent par adopter une robe argentée. Mais chaque essence adopte une livrée strictement personnelle tant la palette des nuances, associée au grain et au fil du bois, est sans limites.

Page de droite La grande diversité proposée par la famille des bois exotiques multiplie les possibilités d'aménagement et permet de composer des terrasses aux aspects insolites et originaux. Avant tout, il convient de bien choisir l'essence et de tenir compte de ses particularités. Certaines résistent mieux que d'autres aux agressions climatiques ou aux insectes xylophages. Cela a des conséquences évidentes sur la durée de vie de votre réalisation.

Pourtant dans le même temps, ces forêts peuvent être exploitées de façon responsable, en permettant à la faune et aux habitants qui en vivent de se développer harmonieusement. La ressource est préservée et fait l'objet d'une attention particulière.

Bien choisir est d'abord une question de bon sens. Éventrer une forêt pour tracer des pistes, abattre les seuls arbres rentables et brûler le reste, c'est toujours plus économique que d'agir de façon circonstanciée. La conclusion est donc toute simple : les bois exotiques les moins chers sont souvent exploités dans les pires conditions. Réfléchissez : comment un bois qui réclame plus d'un demi-siècle pour grandir dans une contrée éloignée de milliers de kilomètres peut-il être moins onéreux que du pin sylvestre ?

LES CERTIFICATIONS

Pour tenter de distinguer les différents modes de production des bois exotiques avant leur arrivée chez vous, différents systèmes de certification ont été mis au point. D'emblée, éliminez toutes les allégations propres à chaque fabricant qui n'ont pour rigueur que la foi du converti de fraîche date. Le marché des importateurs, transformateurs ou distributeurs est toujours le même. Ceux qui commercialisaient des bois d'origine douteuse n'ont pas changé de métier, pas plus que de morale. La certification « maison » n'a donc aucune valeur.

Plus sérieuses, certaines tentatives émanent de groupements internationaux. Elles peuvent être placées sous l'égide d'organismes publics ou simplement relever d'une association d'intérêts privés. Mais elles se distinguent d'abord par une certaine rigueur dans la démarche. Ainsi, chaque étape de la production, de la forêt au point de vente, fait l'objet d'un contrôle particulier, réalisé en principe par un organisme indépendant. Ces certifications peuvent être retirées à tout moment puisqu'il est également prévu des contrôles inopinés et des vérifications régulières concernant les règles imposées aux différents intervenants de la chaîne de production et de commercialisation.

Ces certifications constituent un pas important vers la responsabilisation de l'exploitation des forêts internationales. Car, si les dérives sont particulièrement évidentes dans la ceinture tropicale, les pays européens, à l'Est en particulier, sont également concernés.

Choisir des lames de terrasse ou un caillebotis certifiés est donc la première démarche à entreprendre.

Page de droite *Associée au jardin, la terrasse voit son décor changer au fil des saisons, évoluer, se transformer dans un ravissement sans cesse renouvelé.*

Lorsque les lames proviennent de forêts certifiées, sur chaque emballage figurent le logo de l'organisme certificateur et le numéro du certificat. Cette référence est accessible sur Internet. Il est ainsi possible de suivre le cheminement du matériau, de l'arbre à son jardin.

Parmi les certifications reconnues, deux se distinguent particulièrement : les labels FSC (Forest Stewardship Council - www.fsc.org) et PEFC (Program for the Endorsement of Forest Certification schemes - www.pefc.org). Ces deux organisations ne sont pas exemptes de critiques, mais elles ont le mérite d'exister. Et ce sont les seules certifications suffisamment généralisées pour être considérées avec sérieux. Une autre option envisageable est de privilégier des produits d'origine locale.

Variations sur le bois

Ci-contre, en haut Le bois se prête facilement aux aménagements en gradins. Il permet d'épouser les reliefs et de transformer un jardin à forte pente pour le rendre accueillant. C'est une réalisation savamment calculée, grâce aux principes de base de la géométrie et des triangles, qui consiste à créer des degrés tout en limitant le plus possible les travaux de terrassement.

Ci-contre, au milieu Support pratique pour l'imagination des créateurs, le bois les aide à concevoir de nouveaux espaces, en combinant les structures, les éléments et les volumes. Il en résulte un aménagement harmonieux, aux lignes directrices délicatement soulignées par l'orientation des lames et la répartition des différentes zones.

Ci-contre, en bas Le médaillon au centre de cette perspective est une simple dalle de granit gris. Les lames s'organisent autour et rayonnent dans le prolongement des diagonales. Cette dalle pourrait être remplacée par une statue, une jarre végétale, une fontaine, un bassin, un éclairage, un guéridon… À vous d'inventer la fin de l'histoire.

Page de droite Des lames lisses et d'autres rainurées. C'est facile puisque c'est le mode de présentation, pile ou face, de la plupart des fabricants. Le côté lisse laisse apparaître le veinage du bois. Les rainures renforcent les lignes de perspective et, surtout, améliorent le caractère antidérapant de chaque lame.

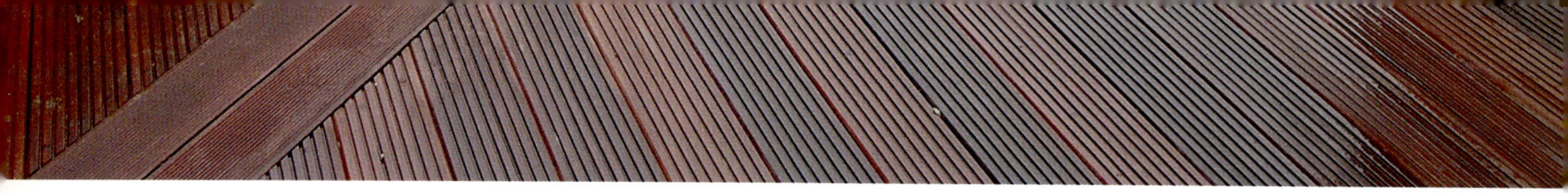

Comment reconnaître une essence ?

Seuls les plus grands experts sont capables de distinguer une nature de bois d'une autre. L'œil ne suffit pas pour en apprécier les nuances. Il faut aussi se servir du toucher. Vous pouvez ainsi appréhender le « fil », c'est-à-dire l'alternance de bois tendres et durs, les stries visibles en surface, et le « grain », le toucher, grossier ou soyeux. Complétez par le vaste nuancier des couleurs et leur évolution dans le temps. Vous avez ainsi une toute petite idée de la magie offerte par les décors en bois.

LES DIFFÉRENTES ESSENCES

Le vocable « exotique » regroupe une gamme très étendue d'essences aux caractéristiques différentes. Le terme de « bois exotique » est souvent associé à un matériau dur, résistant aux insectes et imputrescible. En réalité, rares sont les produits disponibles qui présentent cette qualité. Il est donc important de connaître la nature du bois avant de l'acheter. Toute la difficulté est de trouver un accord sur une dénomination précise, car certaines essences sont commercialisées sous des noms différents. Cela permet parfois de tricher sur la classe de risque et de transformer une citrouille en carrosse.

› Les bois sans entretien

Ces essences appartiennent à la classe de risque 4, la plus élevée pour ce type d'emploi. Ces bois supportent sans traitement le contact avec le sol ou une « source d'humidification prolongée ou permanente ». Attention, s'ils sont résistants, cela ne signifie pas pour autant qu'ils conservent l'éclat du neuf. L'action du soleil tend à les décolorer. En provenance d'Amérique du Sud, il s'agit de l'angelim-vermelho, de l'ipé, du pau-amarelo et du tatajuba (bagasse). Pour l'Asie, du jarrah, du kapur et du teck (le vrai !). Pour l'Afrique, de l'assamela, du badi, du bete, du doussié, de l'iroko, du makoré, du moabi et du tali.

› Les bois naturellement résistants

Classés en catégorie 3, ils supportent la pluie mais pas le contact permanent avec l'humidité. Ils conviennent donc pour des lames de terrasses isolées du sol. Sinon, il faut les traiter. En provenance d'Amérique du Sud, les essences principales sont l'angélique, le sucupira, le jaboty, le saint-martin rouge. Pour l'Asie, cela concerne surtout le balau yellow (bangkirai). Et pour l'Afrique, il s'agit de l'azobé, du bossé foncé, du bubinga, du framiré, du kosipo, du padouk, du sipo et du wengé.

› Les bois à protéger

Classés 2, ces bois n'ont pas de protection naturelle. Sans traitement, ils sont détruits en quelques saisons. Parmi les essences les plus connues, on peut citer l'acajou, le jatoba, le meranti, le niangon, l'okoumé, le sapelli ou le tiama.

Attention, ces différentes essences ne sont pas toutes utilisées pour fabriquer des éléments de terrasse en bois.

Les essences européennes

Pourquoi faudrait-il parcourir la planète entière pour se procurer une matière première disponible sur place ? Les nécessités de disposer de puissants navires de guerre ont conduit les rois de France à créer de vastes forêts domaniales rigoureusement gérées, encore présentes aujourd'hui, jusque dans la proche ceinture parisienne. À l'époque, la notion de développement durable manquait certainement de... développement. Mais, plusieurs siècles plus tard, et avec le concours parallèle de l'exode rural, la forêt française gagne en superficie, malgré les tempêtes et l'urbanisation rampante. Elle démontre bien qu'il est tout à fait possible d'associer différents modes de gestion sur le même territoire et d'en préserver les grands équilibres. Lorsque ce compromis est rompu, les dégâts sont souvent définitifs. Ainsi, les lumières de l'Antiquité n'ont pas empêché la déforestation de la Grèce et de ses îles. Deux mille ans plus tard, la forêt n'est pas revenue.

Quel est donc le rapport entre ces deux exemples et votre terrasse ? La provenance, bien sûr, et sa certification. Car il est fréquent d'expliquer que l'exploitation des arbres est bien mieux réalisée dans nos contrées que dans les pays exotiques. C'est vrai dans bien des cas, mais ce n'est pas systématique. Pour les essences européennes aussi, un sauf-conduit en bonne et due forme, le label PEFC, par exemple, est une garantie à exiger avant l'achat. Si vous n'avez pas d'indication sur la provenance des produits et la façon dont le bois est exploité, abstenez-vous.

BIEN DES IDÉES REÇUES

Si les bois exotiques sont généralement considérés comme étant solides et résistants, les essences européennes souffrent d'un manque de reconnaissance. Elles sont fragiles, sensibles aux moisissures comme aux insectes xylophages. Elles sont surtout confrontées directement à leurs ennemis naturels, ce qui n'est pas le cas des bois tropicaux.

Ainsi, même pour les essences les plus vulnérables, il suffit de modifier un paramètre pour que la situation s'améliore. Par exemple, en protégeant le bois de la pluie ou d'une trop forte humidité, on renforce considérablement sa résistance face à ses ennemis, qui ne peuvent pas agir dans ces conditions. C'est la raison pour laquelle des maisons tout en bois, construites depuis plusieurs siècles, affrontent encore les intempéries sans dégât manifeste. Comme par définition, une terrasse est exposée à la pluie, la stratégie à entreprendre est différente et re-

RÉSINEUX RÉSISTANTS

Des résineux naturellement imputrescibles et résistants aux insectes ? Bien sûr, cela existe ! Trois essences sont régulièrement utilisées.

> **LE RED CEDAR** est originaire d'Amérique du Nord. Il présente un aspect brun-rouge à brun foncé, un grain fin et un fil droit, légèrement veiné. C'est un thuya, cousin de celui qui orne nos haies. Son parfum agréable peut devenir entêtant, sauf en application extérieure, bien sûr.

> **LE DOUGLAS** est également appelé pin d'Oregon ou sapin de Douglas. Originaire d'Amérique du Nord, il est cultivé depuis des siècles en Europe car il a longtemps servi au reboisement grâce à sa croissance rapide. Il lui est reproché son faible enracinement et la densité de son feuillage. Rien ne pousse dans ces forêts, par ailleurs sensibles aux fortes tempêtes. Il présente un aspect brun-rouge, un fil régulier, nettement veiné.

> **LE MÉLÈZE** est le seul des trois à être originaire d'Europe. Il pousse naturellement en altitude et présente un aspect rosâtre, régulièrement veiné.

Ci-contre S'agit-il d'une terrasse en ardoise ? En carreaux de grès cérame ? En granit ou pierre marbrière ? Fausse piste : cet aménagement est réalisé avec des pavés en chêne, du vrai bois de nos forêts. Car il n'est pas nécessaire de partir en expédition à l'autre bout de la planète pour découvrir des essences résistantes aux aléas du climat, aux champignons et aux parasites. Le chêne est un excellent candidat et le prouve depuis bien des siècles.

pose principalement sur les produits de traitement. Il faudra surtout se souvenir que ces derniers restent efficaces tant qu'ils sont présents et qu'ils n'ont pas été lessivés, par la pluie justement. La finition décorative, le vernis ou la lasure, jouent donc aussi un rôle de protection… de la protection !

Ainsi, tous les bois conviennent pour la réalisation d'une terrasse. Il faut toutefois faire une distinction entre les feuillus et les résineux. Les premiers ont une croissance plutôt lente et perdent leurs feuilles en hiver. Les résineux sont généralement plus faciles à cultiver et, surtout, poussent plus vite. Le « retour sur investissement » est réduit de moitié, soit une génération seulement au lieu de deux.

LES DIFFÉRENTES ESSENCES

> Les bois sans entretien

Le châtaignier, le chêne et le robinier (faux acacia) sont classés naturellement en catégorie 4. Cela signifie que le bois parfait, le duramen ou cœur de l'arbre, résiste aux insectes, termites compris, et aux champignons. Ils peuvent être utilisés à l'extérieur sans traitement particulier.

> Les bois naturellement résistants

En catégorie 3, sont classés le douglas, le mélèze, le red cedar, le pin maritime (pin des Landes) et le pin sylvestre. Les deux derniers résistent bien aux insectes, à l'exclusion des termites. D'autre part, ils sont sensibles aux champignons. En règle générale, les bois de classe 3 ne doivent pas être mis en contact permanent avec une source d'humidité sans un traitement adapté.

> Les bois à protéger

Cette catégorie regroupe les bois courants, ceux que vous trouverez le plus souvent dans les grandes surfaces de bricolage et les jardineries. S'ils ne sont pas traités lors de leur fabrication, vous devez impérativement le faire puis entretenir très régulièrement cette protection. Il s'agit principalement du pin laricio (pin noir).

Les bois composites

L'idée de rationaliser les déchets de coupe et les rebuts de fabrication n'est pas nouvelle. Elle a même toujours été associée au travail du bois : ce qui n'était pas utilisé pour fabriquer des planches servait au moins à chauffer l'atelier. Puis, avec l'industrialisation des procédés,

DORÉ AU FOUR !

Les anciens le savent bien : pour éviter que la partie enterrée d'un piquet de clôture ne pourrisse en quelques mois, il suffit de la passer à la flamme de façon à la carboniser en surface. Les nouveaux procédés reposent sur ce principe désormais soigneusement contrôlé. Le but est de transformer la composition interne du bois pour la rendre rigoureusement immangeable pour les insectes et tout aussi résistante aux champignons. En effet, ces petites bêtes détestent comme nous manger trop cuit !

Le traitement repose sur une forme de torréfaction. Le bois est chauffé, longtemps, dans un four à plus de 200 °C. Il en ressort stérilisé, durci, transformé, avec un aspect plutôt brun, et peu sensible à la pénétration de l'eau. Il est donc très stable et se déforme peu. Ce mode de traitement, souvent dénommé Rétification, une marque déposée, bois modifié thermiquement (BMT) ou encore THT (traitement haute température), peut être appliqué à une très grande variété d'essences. Surtout, il transforme un bois naturellement faible, l'épicéa par exemple, en crack survitaminé, adaptable à toutes les situations et à la terrasse en particulier, sans la moindre application de produit chimique. Ces bois traités sont encore plutôt rares et chers, mais devraient rapidement se généraliser.

sont apparus les panneaux, de fibres ou de particules, le MDF ou l'aggloméré. Ces produits, faciles à usiner, ont un inconvénient majeur : ils sont très sensibles à l'humidité. Ils ne peuvent donc pas servir à fabriquer des terrasses. Voilà pourquoi le bois composite a été mis au point. Il s'agit d'un panneau de fibres composé d'une sciure très fine réduite en farine, et d'une résine polymère spécifique. Cette pâte est pressée, triturée, teintée, moulée, extrudée en filière. Bref, elle est presque aussi malléable qu'une matière plastique standard. Mais une fois fabriqué, le bois composite présente tous les avantages d'un produit industriel performant.

APPLICATION EN TERRASSE

Les lames de terrasse en bois composites sont toutes identiques. Elles ne présentent pas de défaut « naturel » et les dimensions (longueur, largeur, épaisseur) sont précises. Comme il s'agit d'un procédé industriel, tous les aspects sont envisageables. Le bois composite présente une bonne stabilité dimensionnelle. Il résiste aux insectes, aux champignons et à l'humidité. Il ne se voile pas, ne se fend pas, ne grisaille pas. D'autre part, il ne comporte pas d'échardes et il est sans entretien. Les découpes sont réalisées avec des outils de menuiserie classiques même si le bois composite est plus abrasif et donc use plus rapidement les lames.

La dénomination « bois composite » regroupe en fait une gamme complète de produits, selon l'origine de la farine de bois, le dosage et la résine utilisée - PVC ou polypropylène, par exemple. La qualité de fabrication a une influence directe sur la résistance de votre terrasse, en situation réelle, bien éloignée des considérations théoriques. Ainsi, comme pour les autres produits que vous pouvez envisager pour votre réalisation, visez avant tout la qualité et méfiez-vous des promotions à l'origine mal définie.

Ci-contre *Avec le bois composite, le fabricant conserve la haute main sur l'aspect et le design. Il contrôle la couleur, les reflets, les dimensions, les reliefs et en garantit la préservation au fil des saisons, en toutes circonstances, même au bord de l'eau.*

Réaliser une terrasse en bois

La création d'une terrasse en bois, en lames ou en dalles, est à la portée d'un bricoleur habitué à travailler ce matériau. Il faut savoir dessiner un plan, estimer des quantités, utiliser une scie électrique et une perceuse-visseuse. Les principes de réalisation sont simples, à condition de s'en tenir à des formes raisonnables, carrées ou rectangulaires. D'autre part, pour ceux que la vue d'un marteau inquiète, il reste toujours la solution de la pose par un professionnel. Un jardinier paysagiste, un spécialiste de la décoration extérieure, un menuisier pourront se charger de ce chantier. Certains réseaux de distribution spécialisés proposent également un service de pose.

Il ne s'agit donc pas ici d'indiquer dans le détail les différentes étapes qui permettent de réaliser soi-même une terrasse complète, mais simplement de rappeler les critères principaux qui vous permettront de négocier avec

DESSINER UN PLAN

1 | Mesurez votre jardin ou au moins le côté de la maison où vous souhaitez implanter votre terrasse.

2 | Reportez ces mesures sur une feuille double à carreaux de 5 x 5 mm. Pour cela, il faut choisir un rapport d'échelle pratique, par exemple 10 cm sur le plan pour 1 m en vraie grandeur (1/10).

3 | Lorsque votre jardin est reproduit sur le plan, dessinez la surface choisie pour la terrasse, les lames ou les caillebotis, toujours à l'échelle. C'est bien plus facile de jouer de la gomme que d'adapter la réalité !

LA POSE SUR LAMBOURDES

Les grandes lames d'une terrasse ne sont pas directement posées sur le sol mais fixées sur des traverses, disposées à angle droit, dénommées lambourdes. Ce sont elles qui assurent les différentes liaisons, avec le sol d'abord, et des lames entre elles. Elles servent de structure et rigidifient l'ensemble.

Ces lambourdes présentent généralement un profil carré ou rectangulaire, de belle taille, par exemple 5 cm d'épaisseur et 4 cm de largeur, pour une longueur de 2, 3 ou 4 m.

Les lambourdes sont simplement posées sur le sol, parallèles les unes aux autres, en respectant un intervalle de 30 à 50 cm. Plus les lambourdes sont rapprochées, mieux la terrasse résistera à la charge.

Différentes techniques permettent de fixer les lames sur les lambourdes. Le clouage ou le vissage comptent parmi les plus simples. Pour une fixation invisible, il existe également des clips métalliques qui maintiennent les lames comme des pinces. Ce système est particulièrement utilisé lorsque les lames s'emboîtent entre elles grâce à leur profil à rainure et languette.

Lorsque les lames sont indépendantes, l'espace qui les sépare, le joint, mesure de 5 mm à 1,5 cm. C'est souvent une astuce élégante pour éviter les découpes : en jouant sur la largeur du joint, il ne sera pas nécessaire de recouper la dernière lame dans le sens de la longueur. Pour respecter une largeur constante, les poseurs chevronnés utilisent une cale de l'épaisseur choisie. Elle sert de gabarit et permet de poser les lames sans avoir à mesurer systématiquement la largeur du joint.

Le sens de pose a une influence sur l'impression rendue par la terrasse. Si les lames sont parallèles à la façade, celle-ci paraîtra plus massive. À l'inverse, si elles sont perpendiculaires, l'effet de perspective créé éloigne la façade.

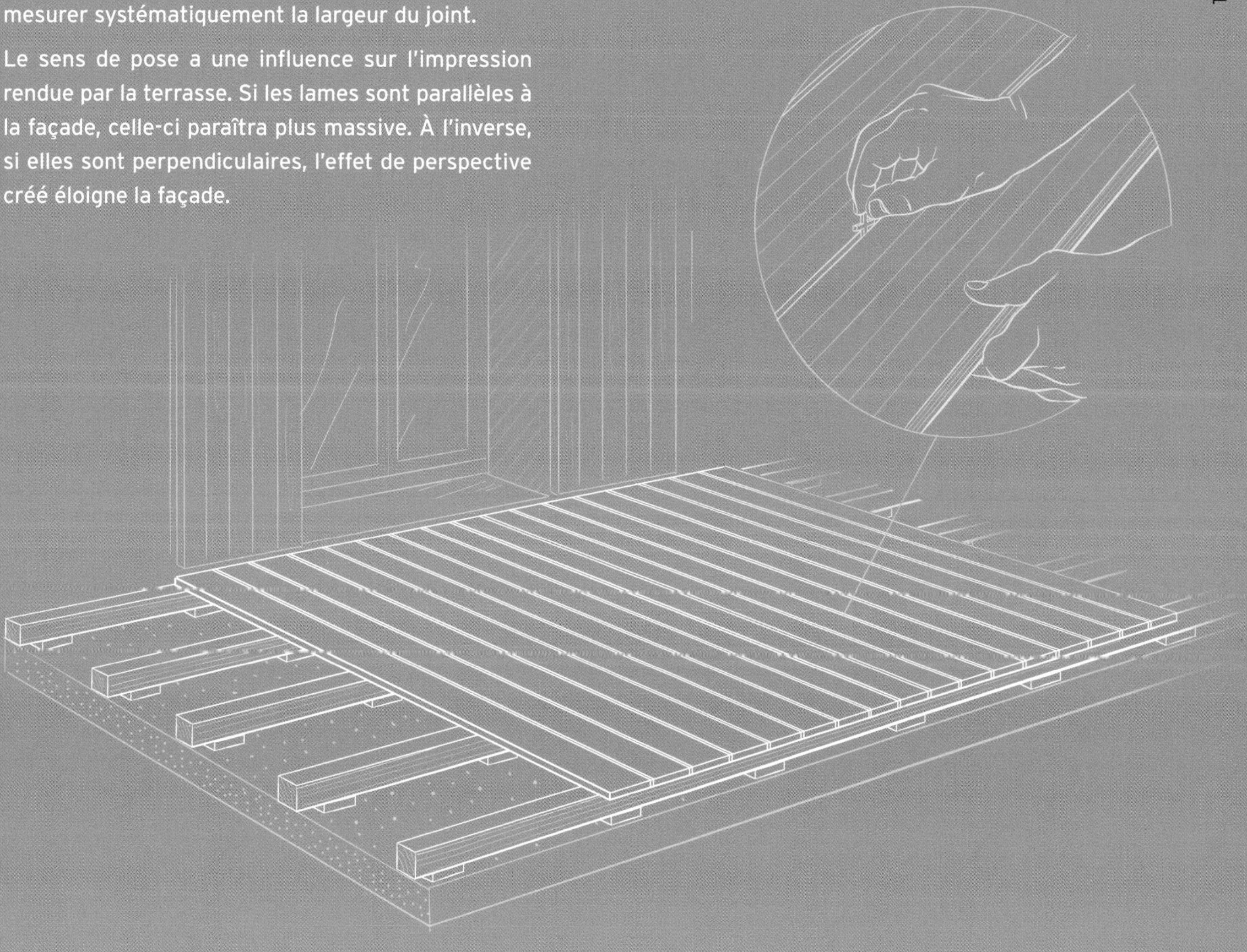

l'homme de l'art, bénévole ou professionnel, en tâchant de lui traduire votre volonté, sans trop concéder aux réalités. En clair, en savoir suffisamment pour concrétiser votre rêve.

QUELLE PRÉPARATION ?

Paradoxalement, une terrasse en bois n'aime pas le sol naturel. Outre le fait que l'humidité de la terre favorise le pourrissement, il faut aussi compter sur les irrégularités du terrain, jamais parfaitement plat, et sur l'herbe qui ne cesse de repousser. Un minimum de préparation est donc nécessaire. Il faut d'abord désherber la surface couverte par la future terrasse puis l'aplanir, en enlevant les grosses racines, les pierres, les mottes de terre. Cela fait, le passage d'un compacteur, un rouleau à gazon par exemple, empêchera la terrasse de trop s'enfoncer et de se déformer. Par précaution, un feutre géotextile, sorte de tissu spécifique imputrescible, est déroulé sur le sol, juste avant la mise en place de la terrasse ; il présente l'avantage de retarder la repousse.

Comme une terrasse en bois a toujours tendance à se déformer, le meilleur support reste la dalle de béton, lisse, rigide et indéformable par définition. C'est un chantier important qui demande du temps et un outillage spécialisé, à confier à une entreprise de maçonnerie. Cette dalle doit impérativement présenter une pente douce pour permettre aux ruissellements provoqués par la pluie de s'écouler en direction du jardin plutôt que vers la maison. Cette pente évite aussi à l'eau de stagner sur la terrasse, et donc de favoriser son pourrissement.

LA POSE DES CAILLEBOTIS

Modulaire et adaptable à souhait, la dalle, ou caillebotis, est parfaite, pour les grandes comme pour les petites surfaces. Comme elle repose déjà sur une structure de tasseau – elle est dite « autoportante » –, elle se passe de lambourde. Il est donc possible de la poser directement sur le sol, en rangée, bien alignée ou décalée d'une demi-largeur d'un rang à l'autre. Si le caillebotis est posé directement sur la terre, il peut être utile de relier les dalles entre elles. Certaines disposent à cet effet de trous qui permettent de les assembler avec des boulons.

Pour une pose sur un support stable comme une dalle de béton, le système sur plots est intéressant. Il s'agit de gros éléments en plastique, réglables en hauteur, qui se placent aux angles des dalles. Ainsi, chaque plot reçoit quatre dalles différentes, et chaque dalle repose sur quatre plots. Comme ces derniers sont réglables, ils permettent d'obtenir facilement un sol parfaitement plan, et la terrasse est démontable si nécessaire.

La préservation des terrasses en bois

Si vous n'utilisez pas un bois naturellement résistant aux insectes et aux moisissures pour votre projet de terrasse, un traitement est indispensable. L'efficacité de celui-ci dépend de sa composition et de ses conditions d'application. Badigeonné ou pulvérisé en surface – les seules techniques à la portée d'un particulier, armé d'un pinceau ou d'un pulvérisateur –, le traitement apportera une protection provisoire de quelques mois.

Mais s'il est réalisé « à cœur », en usine, en autoclave, la durée de la protection est garantie sur 10 ans. L'autoclave est une sorte de Cocotte-Minute dans laquelle alternent des phases de vide et de pression. Ce procédé permet au produit de traitement de pénétrer l'intérieur des fibres sur plusieurs millimètres. Ainsi, l'expression « à cœur » ne signifie pas que le bois est entièrement traité mais qu'il l'est suffisamment pour ne pas craindre ses ennemis naturels.

Ci-dessus *L'un des plus grands avantages du bois est sa facilité d'usinage. Combinée aux différentes méthodes de pose, la découpe des lames ou des caillebotis permet de réaliser toutes sortes de décors d'exception, sur l'exemple de ces trois propositions. Évidemment, chaque fois, l'œil et la main d'un artisan d'exception sont à l'œuvre. Mais rien ne vous empêche de vous en inspirer, ou de vous mettre en quête d'un tel artiste.*

QUESTION DE CLASSE

Pour une application extérieure, exposée aux intempéries, comme peut l'être une terrasse, il faut que le bois choisi résiste au moins 10 ans aux attaques de ses ennemis traditionnels, soit naturellement, soit une fois traité. Ce niveau de « risque » fait l'objet d'une norme (NF EN 335-2) et de quatre classes. Les deux dernières, 3 et 4, concernent la terrasse :

- la classe 3 distingue une situation où le bois utilisé se trouve fréquemment exposé à une humidité supérieure à 20 %. En pratique, cela se produit lorsque le bois est exposé à la pluie mais que cette eau est rapidement éliminée ;
- la classe 4 concerne les bois soumis à une humidité toujours supérieure à 20 %. C'est le cas pour les terrasses et leurs supports en contact avec le sol.

Lorsque le bois choisi n'est pas suffisamment résistant, un degré de traitement doit lui être appliqué. Pour une terrasse extérieure, il doit être traité en classe 4 (ou grade IV). Un produit de classe 3 peut être envisagé, mais exclusivement pour une situation abritée.

PRODUITS TOXIQUES...

Pour obtenir ce niveau de performance avec les produits de traitement, le procédé d'application ne suffit pas. Il faut aussi que les composants mis en œuvre agissent efficacement. Ainsi, pendant très longtemps, divers produits, des métaux lourds et des sels hydrosolubles, ont été utilisés. Par exemple, le traitement de type CCA, très courant jusqu'à ces dernières années, associait du chrome, du cuivre et de l'arsenic. Il est actuellement remplacé par un cocktail différent de chrome (que l'on envisage de supprimer prochainement), de cuivre et de bore (CCB). Il demeure pourtant que ces traitements biocides ont le défaut de leur qualité : ils sont opérants mais toxiques. Il est alors intéressant d'envisager de nouvelles pistes pour préserver les bois.

Page de droite Une protection efficace vise à protéger le bois de ses ennemis naturels quelle que soit la partie du tronc utilisée, qu'il s'agisse du cœur du bois, le duramen, le centre généralement plus résistant, ou de l'aubier, sous l'écorce, constitué par les derniers anneaux de croissance de l'arbre, plus tendres.

... ET CHIMIE VERTE

> **L'hydrophobation du bois** par estérification lipidique, vous connaissez ? Il s'agit de protéger le bois par « greffage chimique ». Ce mode de traitement est également dénommé ASAM, pour anhydride succinite d'alkénoate de méthyle. Sous certaines conditions de chaleur et de pression, un produit particulier fabriqué en partie avec des dérivés d'huile de colza ou de tournesol, est injecté dans l'épaisseur du bois où il réagit avec la cellulose pour former un composé nouveau, de l'ester de cellulose.

Le produit obtenu présente toutes les caractéristiques apparentes du bois à deux exceptions près. D'abord, il est hydrophobe, c'est-à-dire que l'humidité ne le pénètre pas. Cela complique considérablement l'action ravageuse des ennemis naturels du bois. Ensuite, les parasites ne digèrent pas l'ester de cellulose. Ils n'ont donc aucun intérêt à coloniser ces bois ainsi transformés.

L'avantage de ce traitement est le recours à des composés d'origine naturelle. En outre, la transformation obtenue ne réclame pas de retouche ni de rénova-

tion. En revanche, les produits de décoration habituels sont déconseillés car ils n'adhèrent pas correctement. Il faut des colles, des patines et des lasures spéciales.

> **L'oléothermie** est un procédé différent de chauffage et de trempage qui repose sur l'imprégnation en profondeur du bois par des huiles végétales. Le bois ainsi gorgé résiste mieux aux agressions diverses, au vieillissement et à l'humidité en particulier. Cette technique s'adresse surtout à des bois naturellement résistants aux insectes xylophages. Elle permet d'égaliser les performances entre les parties d'aubier et de duramen, pour le douglas en particulier.

Les terrasses contemporaines

L'univers de la construction connaît un bouleversement sans précédent. Jusqu'à présent, les évolutions suivaient lentement leur cours, au fil des nécessités et des changements d'époque. Aujourd'hui, la rupture avec la tradition est officialisée. En construction neuve, le respect des prescriptions du Grenelle de l'environnement impose de revoir entièrement les principes fondamentaux qui régissent ce secteur depuis si longtemps.

La maison se mue en actrice volontaire de la lutte contre le réchauffement climatique et de la préservation de votre budget énergétique. L'imagination et l'audace sont de mise. Il faut inventer des solutions inédites. Dans cette nouvelle approche, les recherches en architecture et le style contemporain jouent pleinement leur rôle, ainsi que la terrasse.

Page de gauche *Longtemps confinée à ses volumes intérieurs, la maison s'ouvre aujourd'hui sur son environnement et compose en écrin ce qu'elle tentait de dissimuler par le passé. Sa conception s'inscrit dans un ensemble, en harmonie avec la nature, le cadre, les éléments. Le clinquant n'est plus de mise. Le goût et le raffinement se nichent dans les détails, ces petits riens qui signent les réalisations d'exception.*

DE NOUVELLES PERSPECTIVES

Désormais, le confort à l'intérieur de la maison commence dès le jardin. Paradoxal ? Bien sûr que non dès l'instant où il faut considérer l'intégration de la maison dans son environnement pour en tirer le meilleur parti. Par exemple, dans un bâtiment semi-enterré, associé aux reliefs du terrain, la terrasse devient un lieu de circulation, une zone d'échange entre les différents espaces intérieurs.

Dans une autre configuration, elle contribue à équilibrer l'éclairement naturel par le jeu des matériaux et leur faculté de réverbération. Elle tempère les excès du climat, contrôle l'ensoleillement, apporte la fraîcheur d'un bassin ou d'un jardin d'eau.

Dans ce rôle actif, chaque élément de la terrasse règle sa partition pour composer une harmonie d'ensemble, belle et efficace. Il est choisi avec soin, de façon raisonnée, réfléchie, responsable.

MATIÈRES ET ARCHITECTE

Ces choix fondamentaux conduisent inéluctablement à la mixité. En effet, comme il n'existe pas d'idéal parfait, c'est la combinaison qui soutient l'harmonie. Une terrasse contemporaine associe les matériaux – la pierre, le bois, le métal –, les éléments – la terre, le feu, l'eau – et les ambitions – le confort, l'économie, la pérennité. Elle fait partie intégrante du projet de construction.

Cette création originale n'est pas transposable. Elle peut servir de source d'inspiration, mais seule la magie de l'architecte saura la révéler dans vos projets personnels. Accordez votre confiance à ce professionnel, mais sachez lui communiquer vos ambitions. N'oubliez pas qu'il est à votre service et non l'inverse.

Ci-contre, en haut *L'intervention d'un créateur, qu'il s'agisse d'un architecte, d'un paysagiste ou d'un artiste, fait surgir de nouvelles ambitions, des décors insolites et une originalité qui se marie fort bien aux courants de pensée contemporains. L'aménagement du jardin évolue en une forme d'art aux contours élaborés mais éphémères, en constante évolution au fil des saisons.*

Page de gauche, en bas Aux formes, la terrasse contemporaine associe les matières, les volumes et les couleurs. Le principe s'inspire des grands courants d'architecture qui visent à créer un univers symbolique, symbiotique, aux origines puisées dans la nature puis transfigurées pour n'en conserver que la quintessence.

Ci-contre, en haut Des lignes sobres dessinent les volumes et soulignent les trois dimensions de l'espace, la largeur, la profondeur, la hauteur. Chaque volume est ainsi défini et s'inscrit dans l'ensemble avec la plus délicate des harmonies. Dans cette architecture, terrasse et bâtiment sont intimement liés et pas un détail n'est laissé au hasard.

Ci-contre, en bas Voici un intéressant travail sur les lignes de fuite de cette terrasse couverte. Le dallage semble hésiter : quel que soit l'angle d'observation, il dessine toujours une direction vers la profondeur. Le sentiment d'espace gagne en relief. Mais tout cela est compensé par le travail exclusivement horizontal des murs et des piliers. Le lambris, les piliers, les briques, les poutres, tout contribue à élargir la perspective et à réduire les verticales.

Autour de la piscine

Enfin, le rêve devient réalité. Cette piscine tant attendue prend forme. Et vous connaissez bien ce sentiment si particulier qui allie l'impatience, l'incertitude et même l'angoisse de l'erreur : il est votre compagnon fidèle depuis ces premières années où vous attendiez le miracle de Noël dans les affres de l'espérance. C'est toujours la même histoire qui recommence : il faut penser à tout, se renseigner, solliciter des avis, négocier les devis, jongler avec les délais, avec, toujours, cette petite musique lancinante, dans un recoin de la tête, « surtout ne pas se tromper », « est-ce le meilleur choix ? », « comment savoir ? ».

DE L'ESPACE, DES AMBIANCES

Le bassin c'est bien, l'ensemble c'est mieux. La terrasse qui entoure la piscine, le deck, multiplie les usages. Il doit bien sûr affirmer le caractère esthétique de votre réalisation, mais aussi prévenir les chutes, protéger les enfants, limiter les dépôts de débris dans le bassin. Il faut encore installer les bains de soleil, faciliter les circulations, prévoir le pool house, intégrer le groupe de filtration, l'enroulement de la couverture...

C'est simple, l'aménagement des abords de la piscine n'est jamais vraiment fini. Alors autant voir grand !

Pour la circulation, une largeur de 2 m tout autour du bassin est un strict minimum. Pour le reste, il n'y a pas de limite, surtout si le deck se prolonge en terrasse, si

Page de gauche *Traité ou naturellement résistant, le bois résiste facilement à l'humidité et donc aux projections d'eau. Il n'est pas interdit de l'utiliser au bord de la piscine. Bien au contraire, il en souligne délicatement les contours et se prête à toutes les fantaisies.*

Ci-contre *Votre projet d'aménagement doit envisager tous les aspects, les fonctions et les usages autour du bassin. Il faut de la place pour les circulations, pour les jeux, pour le farniente. Petit à petit, votre rêve prendra forme…*

les deux se confondent, entre la maison et le bassin. La seule règle, c'est la sécurité et la mise en place d'un dispositif de prévention ou d'alerte en cas de chute. Les plus efficaces sont la barrière et la couverture homologuées. Il est bien plus judicieux de les intégrer dans le projet dès l'origine plutôt que de les négliger et devoir les ajouter plus tard.

LE BOIS, LA PIERRE

Traditionnellement, les revêtements minéraux sont privilégiés. Ils supportent les éclaboussures, le soleil et la mauvaise saison. Ils sont antidérapants, sauf pour certaines pierres naturelles, et l'offre disponible est suffisamment vaste pour satisfaire tous les goûts.

L'utilisation du bois est plus récente. Ce matériau se prête bien aux bassins couverts, abrités des intempéries, ou aux piscines hors sol et semi-enterrées. Il compose alors des terrasses à degrés qui participent à l'intégration esthétique du bassin dans son décor tout en facilitant son accès. Le bois composite est plus facile d'entretien, mais peut s'avérer glissant. C'est le cas aussi pour certains bois denses, exotiques ou européens. Et ceux-ci dardent parfois quelques échardes, fort douloureuses lorsqu'elles se fichent dans les pieds nus. Ces désagréments sont évités par un choix réfléchi du matériau et son entretien régulier.

Ci-contre L'aspect rassurant, cossu, bourgeois, de la pierre se prête à merveille à la conception des terrasses de piscine. Il est important de prendre le temps de choisir le matériau et de l'associer à la forme du bassin, à l'ambiance du lieu, aux tons et aux reflets de la nature environnante. Fuyez les solutions toutes faites. Tâtonnez, recherchez, découvrez…

Les terrasses minérales

La réalisation d'une terrasse en pierre, en dalles ou en pavés, est un chantier d'envergure. Le soin apporté au choix de l'ordonnancement, des matériaux et des finitions est donc important. Il est rare en effet de refaire régulièrement une telle terrasse une fois qu'elle est établie. Mais ce choix peut s'avérer difficile, car nous avons tous en tête une certaine idée de ce genre de réalisation, sans vraiment en connaître toutes les variantes.

La pierre est un matériau noble, symbole de richesse et de pérennité, travaillée depuis fort longtemps. Chaque époque a créé un style et ses techniques, en fonction de sa culture et de ses principes. Tout l'intérêt de la pierre est que ces techniques n'ont pas disparu. Encore aujourd'hui, elles se complètent. Et de nouvelles se créent encore.

Les dalles

Pour s'en tenir aux définitions officielles, une dalle est un « élément préfabriqué, moulé ou taillé, à poser ou à sceller ». L'explication est suffisamment générique pour limiter les risques d'interprétation. Elle a l'avantage de s'appliquer à une gamme de matériaux particulièrement vaste. En pratique, la définition est plus pragmatique. Une dalle est une pièce plutôt grande mais d'une épaisseur relativement limitée, d'environ 5 cm en règle générale. Ses contours sont réguliers ou tels que la nature les a créés. Dans le premier cas, la pose s'effectue à joint réglé. Dans le second, c'est un opus.

LE JOINT RÉGLÉ, LA FANTAISIE DE LA RIGUEUR

Lorsque toutes les dalles ont les mêmes dimensions, carrées ou rectangulaires, les composer relève du jeu d'enfant. Chaque rangée constitue une ligne ou une colonne, à décaler ou à aligner comme des dominos. Cette disposition établie pourrait paraître monotone. Mais la fantaisie s'affranchit toujours des règles les plus strictes : que l'on change de format de dalle, de couleur ou même de matériau, et un nouvel univers prend forme.

Page de gauche *La pierre naturelle, comme le bois, se définit par son grain et son veinage, c'est-à-dire sa finesse et ses nuances. Chaque carrière d'extraction invente ses variations originales. À cela s'ajoutent la diversité des formats et le talent des créateurs. Et puis le temps entre dans la danse et dépose cette patine inimitable qui en recèle tous les aléas.*

Cela commence avec des solutions toutes simples comme de border un dallage en pierres claires carrées par des éléments rectangulaires en terre cuite plus petits. Et vous pouvez compliquer le thème à loisir jusqu'à créer une véritable mosaïque.

Pour inventer ces combinaisons, il suffit de composer avec des dalles aux formats complémentaires, un tiers en largeur ou la moitié en longueur entre deux éléments, par exemple. Il faut aussi connaître les alignements classiques, les « appareillages ». Ceux-ci empruntent autant au monde de la maçonnerie qu'à celui du parquet.

> À coupe de pierre

Les dalles présentent toutes les mêmes dimensions. Elles sont décalées d'une demi-largeur d'un rang sur l'autre. Dans le sens de la profondeur, les joints se trouvent à la fois alternés et alignés un rang sur deux. Cette disposition permet de définir une perspective. En règle générale, les rangées sont parallèles par rapport au plan de façade.

Une variante consiste à décaler chaque rang d'un tiers ou d'un quart de largeur seulement. L'alternance se reproduit alors tous les trois ou quatre rangs. Le rendu final peut toutefois donner une impression de confusion, sauf à utiliser des dalles franchement rectangulaires, dont la longueur est au moins égale à deux fois la largeur, voire plus. Une ébauche préalable sur le papier est alors bien utile.

Une seconde variante consiste à aligner les dalles, sans décalage, dans les deux sens, largeur et profondeur, à la manière d'un carrelage. Il n'y a donc pas de direction privilégiée. Cette disposition convient bien dans un petit jardin. En revanche, l'effet de masse créé pour une grande terrasse peut s'avérer pesant.

> À l'anglaise

Ce mode de pose à l'avancement est plutôt utilisé avec des éléments rectangulaires. La chute de la dernière dalle de la rangée précédente sert de départ à la rangée suivante. Il n'y a donc pas d'alternance de joint dans le sens de la profondeur. Sur une grande terrasse toutefois, une certaine répétition se devine. Cette technique est rarement utilisée, sauf lorsque les dimensions de la terrasse sont imposées, sans possibilité de les adapter. C'est le cas par exemple pour un balcon, une terrasse couverte ou un patio entouré de murs.

> En assise réglée

C'est un terme de maçonnerie qui peut être appliqué au dallage. Si tous les éléments ont les mêmes dimensions, l'assise est régulière. Mais si un rang de dalles plus petites est inséré entre deux rangées plus grandes, l'assise, bien que toujours réglée, est irrégulière.

> L'opus romain

Si vous disposez de différents formats de dalles, carrés ou rectangulaires, il est possible de les assembler pour former des panneaux qui, associés les uns aux autres,

---

Page de droite *L'illusion joue parfois des tours. Ce dallage paraît ancien. On imagine aisément le voir effleuré par le pas de dames en grand apparat, musardant sous les ombrelles dans les allées d'un château Renaissance des bords de Loire. De tout cela, il n'est rien. Cette réalisation est le fruit de la grande industrie, de ses moules et de ses secrets de fabrication : ce sont des dalles en pierre reconstituée, à peine plus âgées que le dernier Jour de l'An !*

finissent par couvrir toute la terrasse. Ainsi, si l'ordonnancement paraît rigoureux, il n'y a pourtant pas de repères bien définis, par le format des dalles ou l'alignement des joints, puisqu'il n'y a pas d'assise réglée. Cette technique, tombée en désuétude depuis fort longtemps, a marqué son retour grâce aux pierres reconstituées. L'opus est désormais fourni en packs de formats assortis pour couvrir 5, 8 ou 10 m^2.

> La largeur du joint

Dans la plupart des cas, les dalles sont posées à joint vif, c'est-à-dire bord à bord. Cela simplifie les travaux de finition, retarde l'apparition des mauvaises herbes et évite que l'eau de pluie ne ravine la semelle de fondation. Mais lorsqu'il s'agit d'assises réglées, il est tout à fait possible de prévoir un joint plus large, rempli de ciment ou engazonné.

L'OPUS, À DÉCLINER À L'ENVI

L'origine latine du terme est incontestable même si, comme souvent, il recouvre des techniques mises en œuvre avant l'apogée de la civilisation romaine. Mais il faut bien reconnaître que le génie militaire des légions devait beaucoup à la maîtrise des techniques dans la conception de voies de communication sûres, fiables et pérennes. Il est d'ailleurs amusant de constater qu'il n'existe pas un modèle unique de voies romaines, pour la simple raison que celles-ci étaient réalisées avec les moyens disponibles, dans le seul objectif d'obtenir un réseau accessible en toute saison. Si le nom a traversé les âges, c'est peut-être un signe de cette performance.

Nous avons déjà cité l'opus romain. On trouve aussi l'isodomon, synonyme de coupe de pierre, l'opus mixtum, pour les assises réglées irrégulières, le quadratum, façon carrelage, ou le reticulatum, en diagonale. Mais aujourd'hui, le terme d'opus est surtout réduit à un seul aspect.

> L'opus incertum

Comme son nom le laisse deviner, cette technique repose sur l'utilisation d'éléments de formats divers, aux contours irréguliers. Leurs seuls points communs sont de disposer d'une face plane, ou presque, et d'une épaisseur relativement comparable. L'art de l'opus incertum consiste à composer avec ces dalles disparates pour créer un dallage harmonieux et raffiné. C'est un travail d'artiste pour répartir les formats, éviter les effets de contrastes, limiter l'importance des joints, sans pour autant les faire disparaître.

Bien sûr, l'opus est proposé sous sa forme industrielle en packs assortis. Mais le résultat est rarement heureux et s'apparente à la reproduction en plastique d'une statue antique. Car l'opus incertum reste l'apanage des pierres naturelles, en provenance directe de la carrière, des marbres, des calcaires ou des travertins.

Page de droite *L'opus est un art majeur, un grand classique qui ne souffre pas la médiocrité. Il est trop souvent traité avec une banalité qui ne sied pas à son rang. Il lui faut un cadre prestigieux et sentir l'âme des lieux, des murs chargés d'histoire et de rendez-vous d'alcôve. Il lui faut encore des matériaux d'exception, taillés pièce par pièce. Il lui faut enfin du talent, celui de son créateur qui, en le façonnant, lui transmettra le souffle d'harmonie qui rend toute la majesté de sa réalisation.*

Page de gauche L'ambiance qu'apporte un revêtement pavé tient beaucoup à la pierre utilisée. Les nuances des grès ou des granits varient en fonction des régions de production. Il s'agit alors de composer un décor à partir de cet élément plutôt que de procéder de façon inverse, en adaptant le pavé au décor choisi. De l'art et la manière de mettre en valeur un matériau bien particulier.

Les pavés

Comment obtenir un revêtement capable de résister aux roues cerclées de fer des fiacres, tout en assurant un minimum d'hygiène, afin de collecter les eaux usées jetées depuis les fenêtres ? Cette problématique urbaine a permis la mise au point des techniques de pavage moderne. Il fallait avant tout une pierre dure, suffisamment épaisse pour être stable, pas trop imposante pour se poser facilement et épouser toutes configurations : le pavé était né.

De manière traditionnelle, sa forme est grossièrement cubique, parfois rectangulaire. Il possède une face apprêtée (le parement), des bords relativement réguliers (les arêtes) et une face de pose en contact avec le sol, à peine dégrossie, souvent plus petite que le parement (pavé démaigri).

Toutes les pierres susceptibles d'être taillées peuvent servir à fabriquer des pavés. Le granit, des Vosges, du Massif central ou de Bretagne, par exemple, apporte sa noblesse au pavage. Mais le grès est un matériau plus courant. Cette roche sédimentaire est en effet plus facile à extraire et convient parfaitement pour la réalisation d'une terrasse ou d'une allée carrossable. Comme elle est souvent moins chère, elle constitue le premier choix.

TROUVER LE PAVÉ

Comme pour toutes les pierres naturelles, privilégiez les produits en provenance de votre région. C'est beaucoup

PAVÉ RÉCUP' ? VOIRE...

À consulter les sites de ventes aux enchères et de bonnes affaires, les événements de 1968 ont engendré bien plus de dégâts qu'il n'y paraît. En effet, nombreux sont les « particuliers » à posséder, qui 200 m2, qui 1 000 m2, de magnifiques pavés de rue « anciens » entassés dans le jardin. Soyez prudent. Demandez-vous d'abord comment un particulier peut disposer d'une telle quantité de matériau, lorsqu'il ne s'agit pas d'un souvenir des événements précités. Regardez ensuite les images aimablement mises en ligne. Les pavés sont propres comme des sous neufs, parfois même conditionnés en big bag, ces énormes sacs de manutention.

Ces pavés n'ont rien d'ancien. Ils sont commercialisés par des importateurs et proviennent de contrées plus ou moins lointaines comme le Portugal, l'Inde ou la Chine. Ils vous reviendront bien plus cher que les mêmes achetés chez votre revendeur local puisque, bien souvent, l'achat à l'unité est hors de prix et le transport n'est pas compris. Enfin, ces « particuliers professionnels » peu scrupuleux font souvent passer des vessies pour des lanternes et du grès pour du granit. Et une fois livrées quelques tonnes à votre porte, comment envisagez-vous de les renvoyer si vous n'êtes pas satisfait ?

Page de droite *Les représentants de la famille des pavés n'ont souvent que leur nom en commun. Qu'ils soient taillés à la main, moulés à l'unité ou produits en série, les variations sur le thème sont particulièrement nombreuses.*
Et chaque proposition offre de nouvelles perspectives d'aménagement et de compositions. Alors, de grâce, ne cédez pas à la facilité. Prenez le temps de comparer, de réfléchir, d'imaginer et de… rêver.

plus économique du fait d'un transport réduit, et les prix peuvent être négociés directement auprès des carrières. Attention dans ce cas, il faut généralement commander des surfaces conséquentes. En effet, un camion plein coûte aussi cher que s'il roule à demi vide. Cela vaut peut-être la peine de grouper l'achat entre voisins.

Le pavé est souvent associé au gris bleuté du granit breton. Les nuances sont pourtant bien plus nombreuses : dans les ocres, les beiges, les blancs, les roses... Comme il s'agit d'un matériau naturel, ce sont bien des nuances, des teintes et non des couleurs. De fait, selon l'origine et même au sein de la même carrière, les variations d'une pierre à l'autre sont fréquentes. Une astuce consiste donc à bien mélanger les pavés lors de la pose pour éviter les effets de nuance.

LA BONNE TAILLE

Le choix doit également tenir compte des dimensions. Les plus petits pavés mesurent 8 cm de côté (8 x 8 cm), les plus grands, 23 cm (23 x 23 cm). Quant à l'épaisseur, elle varie de 6 cm pour les plus fins à près de 25 cm pour les plus gros.

Cette épaisseur est déterminante pour la pose. En effet, plus le pavé est épais, plus il faut creuser le sol pour parvenir à le loger, avec son lit de fondation, sans qu'il dépasse. Le volume de terre déplacé devient vite impressionnant et cela augmente le coût du chantier, d'autant plus que les gros pavés sont évidemment plus chers que les petits.

Or, s'il est utile de disposer d'un revêtement indestructible pour une chaussée urbaine, une résistance comparable est inutile pour la terrasse du jardin. Ainsi, des pavés de faible épaisseur, posés comme un dallage, conviendront à merveille, pour un prix plus raisonnable.

Malgré leur apparence rustique, les pavés de pierre sont plus difficiles à poser que des dalles, du fait de leurs

LE SAVIEZ-VOUS ? LE SERVICE DU PAVÉ

C'est ainsi que se dénommait la division municipale chargée de l'entretien des voies empierrées dans la capitale depuis Henri IV. Il faut toutefois attendre le milieu du XIXe siècle pour que ce type de chaussée connaisse son véritable essor. Les besoins annuels en pavés sont alors estimés à un million d'unités.
Malgré une idée reçue bien ancrée, ce pavé n'est pas en granit, réservé seulement aux bordures de trottoir et à certaines zones spécifiques, mais en grès. Il est extrait de carrières proches de Paris, à Fontainebleau par exemple. Le pavé de référence mesure 22 x 24 cm pour 25 cm d'épaisseur.
Le service du Pavé de Paris a changé de nom en 1859.

contours irréguliers, qui nécessitent un certain savoir-faire, et de leur poids qui peut rendre leur manipulation rapidement pénible.

UNE AFFAIRE DE STYLE

Un domaine où l'utilisation des pavés permet d'obtenir un résultat incomparable est la création de motifs, en arc de cercle, en rosace, en queue de paon ou en arceaux. Avec ce matériau, un artisan qualifié peut donner libre cours à son imagination pour inventer des motifs nouveaux, jouer sur les ornements, dessiner des courbes, s'affranchir des limites à partir d'un bloc de pierre pourtant banal.

Ce pavé mosaïque est généralement petit. Le format de 8 x 8 cm est idéal. Toute l'astuce repose en effet sur l'épaisseur des joints, qui n'est pas constante mais plus étroite d'un côté que de l'autre, ce qui permet de poser les pavés en courbes, régulières pour faire des cercles, inversées pour créer des ondulations.

Double page précédente *Entre le pavé et la brique, la différence est si ténue qu'elle finit par se confondre. Il suffit alors de jouer sur les nuances et de laisser faire le temps. Le décor prend vie, change et évolue et se découvre de nouvelles dimensions. Laissez-vous faire et contentez-vous d'observer.*

Page de gauche *Composer un décor en pavés est relativement simple. Il faut une grande feuille, une règle et un crayon. Ensuite, il faut jouer sur l'insolite. Par exemple, pour cette terrasse, combien y-a-t-il de formats différents ? Les deux axes sont-ils identiques ? Le décor est-il carré ou rectangulaire ? Comment sont traitées les bordures ? Pour les autres subtilités, à vous de deviner !*

L'aventure commence par la réalisation d'un plan précis qu'il faut ensuite traduire sur le terrain, pierre après pierre. Une mise en place minutieuse de cordeaux et de jalons guide le rayon de courbure, dans l'axe de pose, depuis la maison ou par le côté. Dans le même temps, il faut tenir compte des contraintes techniques, respecter les pentes, affleurer les pavés, traiter les bordures...

Ces motifs de pose peuvent être soulignés par l'utilisation de pierres aux nuances différentes. Le dessin est alors clairement repéré et aux courbes succèdent les lignes géométriques, en angle droit ou en diagonales, en carrés, en rectangles ou en bandes parallèles. Ainsi, pourquoi ne pas inscrire vos initiales dans la pierre, à la manière de ces grandes familles qui tiennent « le haut du pavé » ?

Cette diversité de création n'impose pas de limite et s'applique à toutes les surfaces, des plus petites aux plus grandes. Il faut juste veiller à ne pas créer un effet trop encombré ou répétitif. Les ordonnancements traditionnels sont souvent les plus simples.

LES PAVÉS AUTOBLOQUANTS

Gagner du temps en simplifiant la pose est une préoccupation constante. L'irrégularité du pavé de pierre naturelle réclame une certaine qualification qui ne préserve pas pour autant des nécessités d'un entretien régulier. Les mathématiques et la rigueur industrielle ont apporté la solution sous la forme des pavés autobloquants.

Il s'agit d'éléments moulés, en béton ou en terre cuite, conçus de façon à s'imbriquer les uns dans les autres. De ce fait, chaque élément se trouve coincé entre plusieurs de ses voisins. Cet assemblage rend le revêtement parfaite-

ASTUCE

Votre terrasse possède déjà une couverture en pavés autobloquants dont vous souhaitez vous débarrasser ? Alors conservez-la ! Elle constitue un excellent support pour créer un nouveau dallage. Le plus simple est alors de prévoir une couche de rattrapage en béton pour en égaliser la surface.

Au final, cela crée un relief d'une dizaine de centimètres au-dessus de la terrasse actuelle que des éléments de bordures compenseront élégamment. Parlez-en avec votre entrepreneur.

ment stable, tous les pavés étant solidaires et supportant ensemble les sollicitations, qu'elles soient en surface ou par-dessous (mouvements de terrain, affouillement...).

L'avantage de cette pose est la disparition complète des joints puisqu'ils ne sont plus nécessaires pour compenser les irrégularités des pavés. Ces derniers présentent tous la même forme, avec une tolérance de quelques millimètres seulement. Mais cela ne rend pas la pose plus facile.

La résistance de l'ensemble est en effet directement tributaire du soin apporté lors de la réalisation. Or, un petit décalage sur un seul élément se reporte intégralement sur le suivant puisqu'il n'y a pas de joint pour compenser. Au fur et à mesure, ce décalage augmente jusqu'au moment où les pavés ne s'emboîtent plus.

> Différents modèles

Comme il s'agit d'un produit industriel moulé, la diversité de l'offre en matière de pavés autobloquants est particulièrement importante. De nombreuses formes sont proposées, qu'il n'est toutefois pas possible de panacher. En revanche, la même forme existe souvent en différents coloris. C'est facile puisqu'il suffit d'adapter la couleur du mélange avant son moulage. Cela autorise une certaine animation, parfois utile pour débanaliser le pavage, qui ressemble sans cela à un couloir d'autobus.

Sachez par ailleurs que vous ne pourrez pas obtenir le même résultat que dans le cas d'une mosaïque réalisée avec des pavés traditionnels : le pavé autobloquant demeure un produit standard, économique, plus pratique qu'esthétique.

Ci-contre Prenez le temps de choisir votre modèle de pavé autobloquant. Les formes, les couleurs ou même les prix sont fort divers. En consommateur avisé, visitez les points de vente, organisez vos recherches sur Internet, relevez les prix et négociez : plus la surface est importante, plus vous avez de marge de manœuvre.

Le gravier

Vous recherchez la simplicité ? Pensez au gravier ! Il y a bien quelques inconvénients, mais ce revêtement est le champion de l'économie et de la rapidité de mise en œuvre. En effet, une fois le terrain aplani, le camion décharge directement sa marchandise sur le chantier. Il suffit ensuite de l'étaler puis de la compacter.

Une terrasse en gravier ne retient pas l'eau, ne se tache pas, ne se décolore pas. Pour éviter le mélange avec la terre, il suffit de penser à dérouler un feutre géotextile avant de décharger le gravier.

Pour le coût, le calcul s'effectue au camion. La règle de l'arrondi est large : il suffit de régler l'épaisseur de la couche aux alentours de 10 cm. Selon cette règle, un volume de 1 m^3 couvre une surface de 10 m^2 environ. Cela correspond à un poids de l'ordre d'une tonne et demie. Et un camion transporte de 5 à 15 tonnes de matériaux selon le modèle.

Ci-dessus Pour quelle raison faudrait-il cantonner le gravier à la banalité facile et au provisoire ? C'est méconnaître les richesses offertes par ce matériau et ses nombreuses variations de forme, de coloris et de calibre. Bien des châteaux ancestraux ne disposaient pas de cours pavées, si bruyantes sous le fer des chevaux et des roues de carrosse. Mais le gravier était toujours là. Et, à la vue de cette ambiance, il n'est pas banal.

QUELQUES INCONVÉNIENTS

Bien sûr, le gravier présente quelques désagréments, à commencer par sa propension au voyage : il ne reste pas en place, surtout si le terrain est en pente, et se répand rapidement dans le gazon alentour puis dans le jardin et la maison, bien coincé sous les semelles. Une solution partielle consiste à le contenir entre des bordures.

L'inconfort de la marche est plus problématique. Le gravier est mou, fuyant sous le pied, gênant pour les personnes âgées comme pour les jeunes enfants. Installer du mobilier de jardin est souvent malaisé et aucune roulette ne permet de soulager les déplacements d'un bain de soleil, d'une poussette d'enfant ou d'une brouette. Enfin, bicyclettes, patins ou planches devront être rangés définitivement.

UN JARDIN GORE !

Le gore (ou gorrh) est une forme de granit décomposé, une roche « pourrie ». Il est exploité dans certaines régions de France et notamment dans le Lyonnais. C'est une sorte de sable grossier, facile à étaler et à compacter. Sa couleur, selon le site d'extraction, varie du jaune au rouge sombre. Après la mise en place, son aspect rappelle la terre battue, mais il reste drainant. Pour lui redonner l'éclat du neuf, il suffit de passer le balai à gazon de temps à autre.

Page de droite *Le gravier blanc ou grège renvoie la lumière mais sans éblouir. Il absorbe la chaleur mais sans jamais brûler sous le pied. Il évacue la pluie et reste toujours praticable même au plein cœur de la tempête. Il est difficile à entretenir ? Oui, bien sûr, puisqu'un simple balai à gazon suffit amplement…*

RIVIÈRE OU CARRIÈRE ?

Le gravier fait l'objet d'une réglementation précise et d'une nomenclature rigoureuse. Son origine est d'abord prise en compte. Extrait du lit des rivières, le gravier est roulé, poli, rond, sans aspérité. C'est tout le contraire pour le gravier de carrière, concassé, aux arêtes vives. Celui-là est à privilégier pour votre terrasse car il se compacte mieux. C'est celui qui sert pour le remblaiement des routes, alors que le gravier de rivière est utilisé pour fabriquer le béton.

Le calibre, ensuite, détermine le confort. Un gravier fin, de 6 à 12 mm par exemple, est bien plus agréable. Évitez de dépasser 20 mm. Par calibre, il faut comprendre le diamètre moyen de chaque granulat. Une fois encore, la précision n'est pas de mise. Par exemple, un gravier 6/20 comporte une majorité d'éléments au diamètre compris dans cette fourchette, mais aussi une bonne dose de grains plus petits, de sable et de poussière.

Comme pour les pierres naturelles, la couleur du gravier dépend de sa nature et de la zone de production. Presque toutes les roches sont proposées sous cette forme. Les calcaires, schistes, marbres, quartz composent une vaste palette de teintes, mais aussi de prix.

> La calade, une autre idée de la pierre

Avec patience, choisissez de jolis galets roulés dans un lit de rivière. Triez-les soigneusement, par leur forme, leur calibre, leur longueur. Disposez minutieusement vos pierres sur leur chant, leur côté ; dessinez des arabesques, composez des motifs, sans négliger les pentes nécessaires au drainage de la pluie. Décaissez méthodiquement le sol de votre terrasse ; remplissez la fouille de sable ; replacez chaque pierre, une par une, bien calée contre les précédentes, pour que rien ne bouge.

Cela fait, il vous faudra encore remplir les joints, arroser, balayer, arroser de nouveau. La calade, c'est une autre façon d'appréhender le temps, d'apprivoiser un matériau lentement poli au fil de l'eau. Patiemment.

LE JARDIN ZEN

Jardin japonais ou jardin sec, le jardin zen (Karesansui) est une création spirituelle, difficile à saisir dans sa plénitude par nos considérations culturelles occidentales. C'est un lieu de méditation et de recueillement où chaque élément est à sa place selon des principes d'harmonie minutieusement détaillés. La fonction du jardin zen est multiple. C'est un point de rencontre des énergies mais aussi un lieu de transition entre la sphère publique et l'intimité du foyer. C'est encore un parcours initiatique dont les différentes parties, soigneusement imbriquées, représentent les étapes symboliques pour parvenir à la sérénité.

La composition fait la part belle à certains éléments au détriment d'autres, dans l'objectif de reproduire le plus fidèlement possible une certaine vision du monde qui nous entoure. Il faut donc comprendre ce jardin comme un paysage en réduction, une représentation sacrée d'un lieu de séjour divin. L'ensemble est beau et policé, au point que le visiteur profane se demande souvent où poser le pied. C'est pourtant simple, il suffit de marcher sur l'eau, c'est-à-dire sur les ondes délicatement dessinées au râteau à la surface du gravier.

Techniquement, la création d'un jardin zen ne présente pas la moindre difficulté, d'autant que sa surface importe peu. Il peut donc se résumer à la portion congrue. Il s'agit alors d'un élément de décor, à associer à la décoration générale de la terrasse.

Mais la difficulté réside dans l'interprétation des symboles. Il est donc parfaitement impossible d'y parvenir sans être intimement imprégné de culture orientale. Tout au plus, l'aménagement pourra s'inspirer des principes – le gravier râtelé, les pierres dressées, les lanternes, le portique rouge, jamais placé devant une entrée, l'absence rigoureuse de toute ligne droite...

Le jardin zen est difficilement compatible avec la présence d'enfants ou d'animaux domestiques. Il s'agit de représenter l'homme au sein de l'harmonie naturelle, pas d'en subir les manifestations spontanées !

Page de droite Pour créer un jardin zen, nous souffrons d'un handicap : celui de ne pas être issu d'une culture raffinée, ciselée génération après génération au fil des millénaires. Car un jardin zen est avant tout une philosophie, bien avant une symbolique quelconque.

Variations sur la calade

Ci-contre, en haut *Dans cette petite cour, les galets ont été choisis pour leur format, presque semblable d'une pierre à l'autre. Toute la magie de la réalisation porte sur la nécessité d'éviter les répétitions. Il faut un véritable talent pour recréer la fantaisie.*

Ci-contre, en bas *Ici, au contraire, l'ordonnancement est volontaire et le tri sans concession. C'est l'association de ces deux éléments qui crée le décor à la manière des peintres qui transposent leur création par petites touches qui ne prennent leur véritable dimension qu'à l'achèvement de l'œuvre.*

Page de droite *Plus champêtre, la calade est aussi un moyen élégant d'utiliser les pierres qui encombrent le jardin, son potager ou sa pelouse. L'inconvénient est fréquent : il suffit d'habiter en fond de vallée ou en plaine alluvionnaire pour être confronté à ces solides galets. Commencez par en faire une terrasse. Finissez par en construire des murets.*

Matières et matériaux

Vous préférez les dalles plutôt que les pavés ? Ou finalement, vous avez opté pour le gravier ? Désormais, il vous faut choisir la nature exacte de votre revêtement. Et depuis le temps que dure son exploitation, le monde minéral recèle des merveilles qu'il est parfois difficile de dénicher. Il faut donc apprendre la patience et ne pas se décider sur un coup de tête. En effet, parmi toutes les possibilités offertes, aucune ne s'impose aux autres, y compris en termes de coûts.

Page de droite *La pierre naturelle a toujours fasciné et attiré le regard. Son aspect, sa finesse, la qualité de son façonnage et surtout la peine et les efforts que son travail réclame en font toute la richesse et le charme. La pierre naturelle se mérite. Sa noblesse aussi.*

LA PIERRE NATURELLE

Le terme de « pierre naturelle » désigne le produit des carrières d'extraction, directement exploité dans la construction, par opposition à la pierre reconstituée fabriquée à partir de sables.

La diversité géologique est importante. Chaque pays, chaque région, dispose de ressources uniques. Il est donc vain d'envisager un classement de valeur.

La plus belle pierre est celle qui s'inscrit harmonieusement dans votre projet et qui, si possible, est exploitée à proximité de chez vous. Transporter des pierres sur des centaines ou des milliers de kilomètres est plutôt aberrant et surtout inutile. Les plus belles demeures des temps anciens et les monuments qui ont traversé les âges ont été le plus souvent construits avec des ressources proches du chantier.

Par convention, les roches utilisées, en maçonnerie en général et pour la réalisation de terrasses en particulier, sont classées en fonction de leur origine géologique.

> Les roches endogènes

Ces pierres se sont formées à l'intérieur de la croûte terrestre, agrégées par la pression ou le refroidissement. Elles sont très dures. Dans cette catégorie se rangent les granits et les porphyres. Les uns et les autres servent à la fabrication de dalles ou de pavés. Ces roches prennent bien le poli, une particularité à réserver aux situations abritées pour préserver le brillant et, surtout, prévenir les glissades.

> Les roches éruptives

Pour la fabrication de dalles ou de pavés, il s'agit surtout de basalte ou de gabbro, une pierre dont l'apparence rappelle le granit. Issues des volcans, ces roches sont elles aussi très dures et difficiles à tailler.

> Les roches sédimentaires

Formées au fond des océans au fil des millénaires, bouleversées par les mouvements de la croûte terrestre, ces roches forment la plus grande famille et la mieux exploitée pour les multiples combinaisons qu'elle propose. Celles-ci sont regroupées en sous-catégories.

Les roches siliceuses

Comme leur nom l'indique, ces roches contiennent de la silice. Le silex, le gneiss et les poudingues en font partie. Pour les pavés, le grès est le plus utilisé. C'est une roche détritique, c'est-à-dire un conglomérat de débris de roches anciennes pressés et liés par un ciment naturel. Cette origine explique la grande diversité des teintes.

À la manière d'une recette de cuisine, les modifications des paramètres (âge, composition, pression) au cours de l'évolution conduisent à une très grande variété de pierres. Certains grès sont aussi durs que le granit. D'autres s'effritent du bout de l'ongle. Ainsi, selon leur origine, les grès sont utilisés pour fabriquer des pavés ou des dalles.

Les roches argileuses

Les argiles sont des roches, ou plutôt ce qu'il en reste puisqu'il s'agit du résultat de la décomposition de roches anciennes mélangées à une bonne part d'impuretés. Lorsqu'elles se sont trouvées pressées de nouveau au hasard de l'évolution, elles ont formé de nouvelles pierres, les schistes. Dans le bâtiment, ce sont principalement les lauzes ou les ardoises.

Ces pierres présentent la caractéristique de se déliter en feuillets plus ou moins épais. Elles sont donc idéales pour réaliser des terrasses en opus incertum.

Les schistes sont également proposés sous la forme de dalles à bords droits, teintées d'ocre et de beige, très différents du gris bleuté caractéristique des ardoises.

Les roches carbonatées

Et voilà les calcaires, le gros de la troupe car ces pierres sont faciles à extraire, à tailler et, parfois, à polir. Elles servent à tout, des fondations au sommet. Elles sont principalement composées de carbonate de calcium associé à des impuretés et notamment des oxydes métalliques ou des argiles qui déclinent toute la palette possible des coloris dans les tons clairs, blancs, beiges, ocrés, rosés, etc.

Selon leur dureté, leur présentation et, souvent, les habitudes locales, les pierres calcaires sont proposées en dalles ou en pavés. Elles sont fréquemment distinguées par leur origine, la pierre de Bourgogne ou des Charentes, par exemple, ou leur aspect, comme la pierre dorée du Beaujolais.

Il est important de se renseigner sur les qualités du revêtement choisi et de vérifier qu'il est bien adapté à un emploi en terrasse extérieure.

Parmi les roches calcaires, les pierres marbrières forment une classe à part. Comme elles prennent bien le poli, leur apparence se rapproche du marbre. Repérables aux concrétions visibles à la surface des dalles, elles sont très souvent confondues avec les marbres car elles présentent des caractéristiques d'emploi et de fabrication très proches.

Les marbres

Inutile de les présenter et pourtant... Ce terme générique regroupe une telle diversité d'aspects qu'il est difficile d'en offrir une vision complète.

Le marbre est une catégorie de roches spécifiques obtenues par la recristallisation métamorphique de la calcite ou de la dolomie. En clair, c'est une roche fondue sous pression, très dense et donc lourde, résistante et prenant bien le poli. Elle constitue des revêtements de sol haut de gamme, à réserver aux situations abritées.

Ci-contre *En prenant le temps de l'observation, vous finirez par distinguer une certaine répétition, pas sur les murs bien sûr, mais au sol. Car les dalles sont en pierre reconstituée et sont fabriquées en série. Mais comme il s'agit là d'un cheminement, qui prend le temps de s'en soucier ?*

Il existe des marbres blancs (Carrare), beiges (Comblanchien), bleus, noirs, gris, jaunes, roses (Chassagne), rouges, verts, violets...

LA PIERRE RECONSTITUÉE

Choisissez une roche. Réduisez-la en poudre par concassage. Mélangez-la à un liant naturel ou un ciment. Moulez. Pressez. Laissez sécher. Vous obtenez une dalle ou un pavé en pierre reconstituée. Ce terme est préféré à celui de mortier ou de béton, même si la méthode de fabrication est comparable. Il trouve malgré tout une certaine justification tant le soin apporté à reproduire la nature est parfois saisissant. Les effets de relief, les irrégularités de taille et même les nuances de teinte, tout est reproductible.

Il faut un œil averti pour distinguer le vrai du faux. Ce dernier finit par apparaître par les détails : certains effets de surface se reproduisent çà et là sur le dallage, à l'identique, avec une régularité peu naturelle. Les erreurs de pose peuvent aussi gâcher le résultat esthétique : si les paquets ne sont pas mélangés, des nuances plutôt roses, ou beiges, risquent d'apparaître de place en place. Méfiez-vous enfin des allégations telles que « moulées à la main » ou « une par une ». Gardez à l'esprit qu'il s'agit de produits industriels de très grande série.

> Les pierres d'imitation

Dans cette catégorie se classent principalement des dalles qui reproduisent les nuances et le relief des pierres calcaires. Il s'agit aussi bien de dalles lisses à la couleur et au format unique, carré ou rectangulaire, que de dalles nuancées, bosselées façon rustique, vendues en packs multiformats.

Ceux-ci sont très variables, depuis les carreaux classiques de 20 x 20 ou 30 x 30 cm jusqu'aux grandes tailles de 60 cm de côté et plus. L'épaisseur varie de 2,5 à 3,5 cm selon les produits. Il existe aussi des dalles aux formes particulières, trapézoïdales notamment, qui permettent de créer des rosaces et des cercles sans nécessiter de recoupe. Compte tenu de leur épaisseur, ces dalles sont scellées ou collées sur une dalle de béton.

Certaines de ces pierres reçoivent un traitement imperméabilisant pendant leur fabrication. Elles résistent alors mieux aux intempéries et surtout aux taches, qui ne s'incrustent pas dans le matériau.

> Les imitations du bois

Puisqu'il est possible de tout reproduire, pourquoi se priver d'imiter le bois ? C'est ainsi qu'ont été créés les caillebotis en pierre reconstituée.

L'aspect est trompeur et rappelle le bois vieilli. Le veinage, les nœuds, tout est respecté, y compris le relief et le chanfrein entre les lamelles. Il faut parfois passer la main sur ces dalles pour se rendre compte de la supercherie : ce bois-là est sans écharde et reste froid au contact.

Mais il est aussi sans entretien, ne se décolore pas, car il est teinté dans la masse, et ne pourrit pas. Ce sont des avantages à prendre en compte.

> Les dalles béton

Ces produits sont plutôt économiques. Ils comportent une semelle moulée dans un béton standard revêtue d'une finition esthétique. Les modèles classiques présentent un aspect gravillonné, décliné à l'envi selon le coloris et le calibre des grains. Mais il existe aussi une version sablée, proposée en différentes teintes, qui permet de composer des motifs géométriques.

Ces dalles, un peu plus épaisses que les précédentes (4 cm), se posent sur un lit de sable compacté.

UNE POSE SUR PLOTS

Vous préférez une installation réversible de votre dallage ? Pensez à la pose sur plots extraplats. Il s'agit de petits éléments en plastique qui se placent aux angles des dalles. Contrairement à ceux qui sont employés pour le caillebotis en bois, ceux-là ne sont pas réglables en hauteur. Il faut donc les utiliser sur une dalle de béton parfaitement lisse car ils ne permettent pas de rattraper les décalages de niveau.

En revanche, ils sont directement fixés sur la dalle au moyen d'une colle polyuréthane. Les dalles sont ainsi bloquées par leurs angles, mais elles ne sont pas scellées. Il est donc possible de les enlever, ou de les remplacer, avec une grande facilité.

Ci-contre *À quoi pensez-vous être confronté ?*
De quelle carrière provient cette nuance de granit ?
La quête héroïque s'arrête aux portes de l'usine.
Ce pavé-là est reconstitué.

La maîtrise des formes et des couleurs se prête aussi à des créations plus surprenantes à l'image de ces tranches ovoïdes, aussi naturelles qu'imaginaires. La pose est facile et l'artifice discret : ce sont des dalles, assemblées les unes contre les autres.

Voilà du bois qui ne craint pas les intempéries, le soleil le plus ardent comme le froid le plus cinglant. Ajoutez la grêle, les champignons, les moisissures, les insectes et même l'envahissante pollution urbaine : rien ne bouge. Car tout est minéral et se maintient, au fil des saisons, sur la vague du trompe-l'œil.

› Les pavés

Dernière catégorie mais pas la moindre en pierre reconstituée, le pavé se décline sous de nombreuses formes, à commencer par la dalle ! En effet, celle-ci est moulée pour reproduire un assortiment de petits pavés irréguliers, de quoi gagner du temps au moment de la pose.

Bien sûr, le pavé moulé existe aussi à l'unité. Sa face apparente est irrégulière, mais les bords de la semelle sont bien droits. Il se pose sans joint, sur un lit de sable, sans souci d'alignement.

Vous le trouverez également en version tronconique. Il est alors légèrement taillé en biseau, ce qui permet de le poser en arrondi, sans avoir à jouer sur l'épaisseur des joints.

La qualité de reproduction de ces imitations est véritablement saisissante.

LA TERRE CUITE

Les produits moulés avant leur cuisson au four existent depuis l'Antiquité grâce à l'argile et ses nuances qui composent des sols aux reflets caractéristiques. Si l'usage de la terre cuite est principalement intérieur, avec les fameuses tomettes par exemple, il est tout à fait possible de la mettre en œuvre à l'extérieur moyennant quelques précautions. Il est en effet prudent d'utiliser des produits spécialement destinés à cet usage ou de poser les carreaux en situation abritée, sur les balcons et les terrasses couverts.

Les terres cuites d'extérieur présentent un aspect légèrement grenaillé qui les rend antidérapantes. Vous les trouverez en format carré ou rectangulaire, de 15 à 22 mm d'épaisseur, à poser comme un carrelage, scellé ou fixé à l'aide d'un mortier-colle adapté.

Les produits en terre cuite existent aussi sous la forme de pavés autobloquants, de 5 cm d'épaisseur, à poser sur un lit de sable. Compte tenu de leur mode de fabrication, la régularité des contours n'est pas aussi stricte que celle des produits en béton. Le résultat esthétique est plus rustique.

Une variante très simple consiste à utiliser des briques pleines traditionnelles, dites de « 22 » – c'est leur longueur – en 4 ou 5 cm d'épaisseur. Elles se posent sur un lit de sable et conviennent parfaitement pour créer une terrasse ou des allées en pavement, qui vieilliront tranquillement au fil des saisons. Car la terre cuite est sensible aux taches, aux mousses et aux lichens qui s'y incrustent solidement.

UN ÉLÉMENT DU DÉCOR

Dans le jardin, la terre cuite est principalement utilisée dans l'élévation des maçonneries et dans la composition du décor. Elle sert au montage des murets et claustras qui entourent la terrasse. Elle habille les façades, les soubassements. Elle est encore utilisée pour les poteries, les lanternes, les accessoires de décoration. Finalement, même si son emploi comme revêtement de sol est plutôt rare à l'extérieur, la terre cuite constitue toujours un élément du décor, à la manière d'une vieille connaissance dont on aime se rappeler le souvenir chaleureux.

Page de droite *La terre cuite est destinée de préférence aux terrasses abritées car elle peut craindre les effets du gel. Elle constitue une transition délicate entre l'intérieur et l'extérieur de la maison, à l'exemple des tomettes provençales ou, comme ici, de ce motif délicat en provenance d'Italie.*

Réaliser une terrasse minérale

En dalles ou en pavés, ce type de terrasse est conçu pour durer, à la différence de ses homologues en bois qui ne dépassent guère 10 ou 15 ans. Il est donc important de procéder avec méthode. Une mauvaise préparation conduit en effet à l'apparition de fissures et de déformations. Les dalles et les pavés se déboîtent et les réparations sont souvent difficiles. Le soin apporté à la réalisation du chantier de pose vous mettra à l'abri de ces désagréments.

LES FONDATIONS

Dans l'idéal, les dalles et les pavés en pierre, naturelle ou reconstituée, doivent être posés sur un sol plan et stable. Les dalles fines, de moins de 3 cm d'épaisseur, réclament impérativement une chape en béton. Lorsqu'elles sont plus épaisses, et lorsqu'il s'agit de pavés, une forme remplie de sable, un « lit » bien épais et compacté, peut s'avérer suffisant.

> Une chape en béton

La réalisation d'une chape est une opération de maçonnerie complexe et surtout fastidieuse sans un équipement adapté. Il faut tout d'abord creuser l'emplacement de la future terrasse sur une épaisseur d'au moins 20 cm. Le fond de fouille est égalisé, les racines sont éliminées puis un feutre est déroulé sur toute la surface. Ce textile particulier contribue à stabiliser la chape et la liaison avec le terrain alentour.

Une première couche est étalée par-dessus. C'est un « hérisson » constitué de graviers grossiers, voire de gravats ou de tout-venant, sur 10 cm d'épaisseur. Cette couche est soigneusement damée. Son rôle est de stabiliser le sol, de contrôler les infiltrations d'eau et d'économiser le béton. Celui-ci est coulé par-dessus.

Un béton armé

Et pour éviter les fissures, il est complété par un treillis métallique, noyé dans la masse. C'est cette association du béton et de son renfort qui prend le nom de béton armé.

Utiliser une bétonnière

Pour une surface réduite, le béton peut être fabriqué à la bétonnière. Il faut une bonne organisation et de bons amis si vous souhaitez le faire vous-même, car en général il vaut mieux être au moins trois : le premier s'occupe de la bétonnière, le second du transport à la brouette et le dernier du réglage du béton versé. Pour une surface plus grande, le béton peut être livré prêt à l'emploi, en camion toupie. Dans ce cas, il faut impérativement que le camion puisse parvenir jusqu'au chantier.
Lorsque la chape est coulée, il faut encore attendre 2 semaines pour qu'elle durcisse. Il sera alors temps de la rendre lisse en coulant un mortier de ragréage, une pâte fluide étalée en couche mince.

Prévoir une légère pente

Par ailleurs, comme le béton n'est pas poreux, la chape ne doit pas être rigoureusement horizontale mais en pente, depuis la maison en direction du jardin, à raison de 1,5 cm de déclivité par mètre. Par exemple, pour une terrasse de 3 m de profondeur, il faut un décalage de 4,5 cm de hauteur entre son départ côté façade et son extrémité côté jardin. Ce qui complique encore la réalisation de la chape.

Compte tenu de ces difficultés, vous gagnerez beaucoup de temps à faire réaliser ces travaux par une entreprise de maçonnerie, même si vous envisagez par la suite de poser le revêtement vous-même.

› Un lit de sable

Créer une forme de sable impose autant de manutention qu'une chape de béton mais la réalisation est tout de même plus simple. Les premières étapes, le terrassement et le hérisson, sont identiques. Le béton est simplement remplacé par une couche de sable de rivière soigneusement compactée. Pour cela, la méthode la plus simple consiste à l'arroser en pluie fine puis à passer un rouleau.

La couche de sable est réglée de façon que le revêtement affleure le niveau du sol. Elle mesure donc 5 cm d'épaisseur environ pour des pavés et 7 cm pour des dalles, plus fines.

Il faut éviter de marcher sur le sable. Aussi, pour permettre les déplacements, prévoyez de poser de grandes planches et de marcher dessus. Il est également possible de réaliser la couche de sable à l'avancement, juste avant de poser le revêtement, sur une largeur réduite de quelques rangs seulement.

La pente est toujours nécessaire. Toutefois, le support est drainant puisque les eaux de ruissellement s'infiltrent par les joints. La pente n'a donc pas besoin d'être aussi rigoureuse que dans le cas d'une chape en béton.

QUE FAIRE DU DÉBLAI ?

Une fondation de terrasse de 20 m² de surface, sur 20 cm de profondeur, produit 4 m³ de déblai, ou 4 000 litres et 4,5 tonnes, soit le chargement d'un petit camion. Comme ce déblai ne sera pas utilisé par la suite, il faut déjà envisager ce que vous allez en faire. Vous pouvez le faire évacuer mais le service est souvent payant. Et cher.

Il est donc plus sage de laisser le déblai sur place, pour réaliser un massif en talus, combler un relief, créer une restanque. Laissez le tas se stabiliser au moins 1 an avant de le planter. Attention, ce déblai, même compacté, ne peut pas être utilisé sous une fondation. Par exemple, si votre terrain est en pente, le déblai récupéré sur le haut de la terrasse ne peut pas servir pour égaliser le bas. Il faut creuser jusqu'au niveau le plus bas, ou concevoir une terrasse surélevée.

LA POSE SCELLÉE

Traditionnellement, les dalles (et parfois les pavés) sont directement scellées dans une belle épaisseur de béton frais. Le poseur progresse alors en se déplaçant sur les éléments qu'il vient de poser. Cette technique, surtout à l'extérieur, exige un savoir-faire que nombre de professionnels ne maîtrisent plus. Elle est désormais remplacée par la pose collée.

Un mortier collant spécial est appliqué sur le béton avec une spatule dentelée qui permet d'obtenir une couche régulière. Il suffit ensuite d'ajuster les dalles sur la couche fraîche et de les battre avec un maillet de caoutchouc de façon à bien les ancrer dans le mortier. Avec cette méthode, le poseur marche à reculons sur la chape de béton et non sur les éléments mis en place.

Cette technique est valable pour les dalles en pierre naturelle posées à joint réglé, les dalles en pierre reconstituée ainsi que certains pavés de béton. Il faut s'assurer que le mortier-colle utilisé – c'est ainsi que se nomme le fixateur – est adapté à une pose en extérieur. Si les dalles mesurent plus de 40 cm de côté, un double encollage, du sol et de la dalle elle-même, est nécessaire.

Dès le lendemain, les joints, lorsqu'ils sont prévus, peuvent être réalisés.

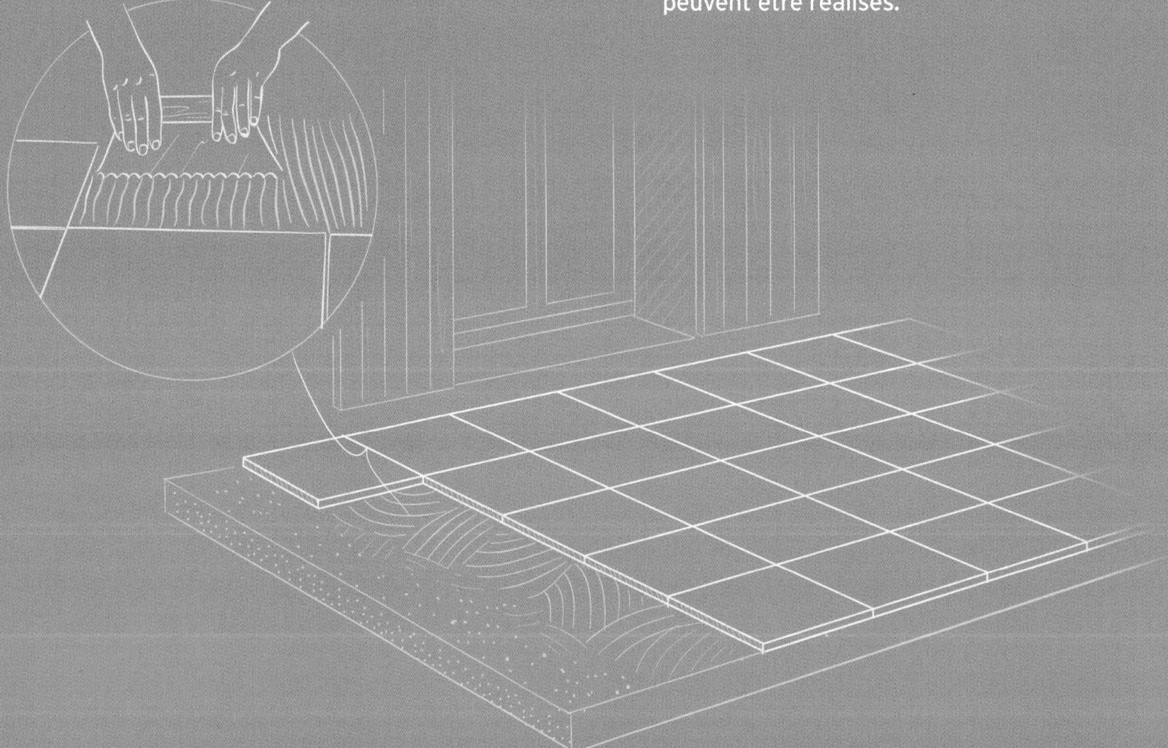

LA POSE RÉGLÉE

Dans le cas d'une pose sur lit de sable, le chantier débute au pied de la façade. Des jalons sont disposés perpendiculairement au sens de pose, à intervalle régulier de 1,50 m ou 2 m. Il s'agit de baguettes de bois (tasseaux) simplement enfoncées dans la couche de sable et ajustées en fonction de la pente d'écoulement à respecter. Ces jalons servent d'appui et de guide à une grande règle de maçon.

Ainsi, pour « régler » la couche de sable, c'est-à-dire l'aplanir soigneusement au bon niveau, il suffit de poser la règle en appui sur les tasseaux et de la tirer vers soi.

Cela fait, il ne reste plus qu'à poser les dalles et les pavés, en veillant à ne pas trop bouleverser le sable.

Ce type de pose est employé pour les dalles de 5 cm d'épaisseur ou plus, et les pavés de tous types, en pierre naturelle, reconstituée ou autobloquants.

Lorsque le pavement est réalisé, les joints entre les éléments sont remplis de sable fin. Celui-ci est balayé puis arrosé en pluie fine. L'opération est renouvelée tant que le sable n'a pas comblé le joint, soit deux ou trois fois en général.

LA POSE EN OPUS

Réaliser un opus incertum est certainement le chantier le plus difficile car l'épaisseur des dalles utilisées est variable, parfois de plusieurs centimètres. Il n'est donc pas possible de les coller sur une dalle de béton. D'autre part, le lit de sable n'apporte pas une résistance suffisante pour stabiliser le revêtement.

Seule la pose scellée traditionnelle citée précédemment peut être envisagée. Toutefois, compte tenu de l'irrégularité des dalles, une certaine tolérance est acceptée. Il faut avant tout veiller à ce que les dalles soient bien sur le même niveau et, surtout, que leurs arêtes ne dépassent pas, pour ne pas buter dessus.

La première étape de l'opus commence par le tri des pierres. La meilleure méthode consiste à les installer à côté du chantier, sur une surface égale à celle de la future terrasse. Il s'agit alors de les disposer, de les associer et de les composer harmonieusement, et d'éviter scrupuleusement de créer des effets de répétitions en groupant des dalles d'apparence semblable, en taille ou en nuances. Il faut aussi faire en sorte de conserver des joints de largeur moyenne, entre 2 et 5 cm environ. Cela n'est pas facile compte tenu de l'irrégularité des contours. Il importe donc de faire des essais, à la manière d'un puzzle, en tournant chaque dalle jusqu'à ce que sa disposition convienne.

Cette mise en place réalisée, la pose en elle-même consiste à transférer les pierres sur la terrasse et à les sceller dans le béton frais. Celui-ci est préparé au fur et à mesure. Il est étalé sur une couche d'au moins 5 cm d'épaisseur, sur une zone de 1 m de côté environ.

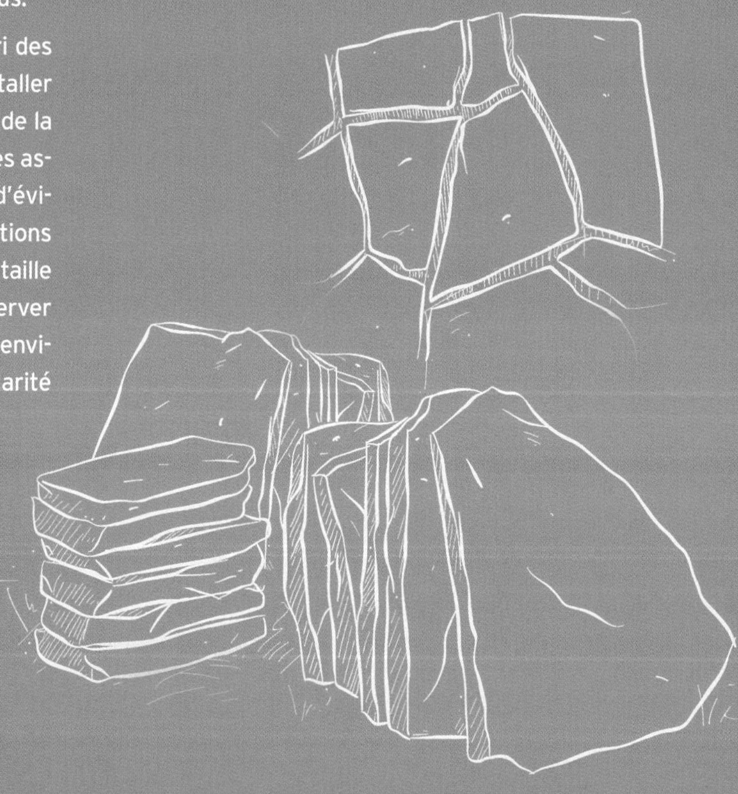

Trempez chaque dalle dans un seau d'eau. Laissez-la s'égoutter et enfoncez-la dans le béton frais. Réglez son horizontale avec un niveau à bulle, d'abord elle seule puis avec ses voisines. Un maillet de caoutchouc permet de rectifier les décalages.

Il est important que le béton de la semelle ne reflue pas sur les dalles en formant un boudin : il faut laisser une place suffisante pour pouvoir réaliser les joints plus tard. Cette dernière intervention est effectuée après 2 à 3 jours de séchage. Les joints sont remplis avec une barbotine de ciment, une sorte de pâte crémeuse, en veillant à ne pas tacher les dalles.

Variante

Vous pouvez obtenir un opus très simple en vous contentant de creuser l'emplacement des dalles directement dans la terre. Les joints sont alors seulement remplis de terre fine mélangée à des graines de gazon.

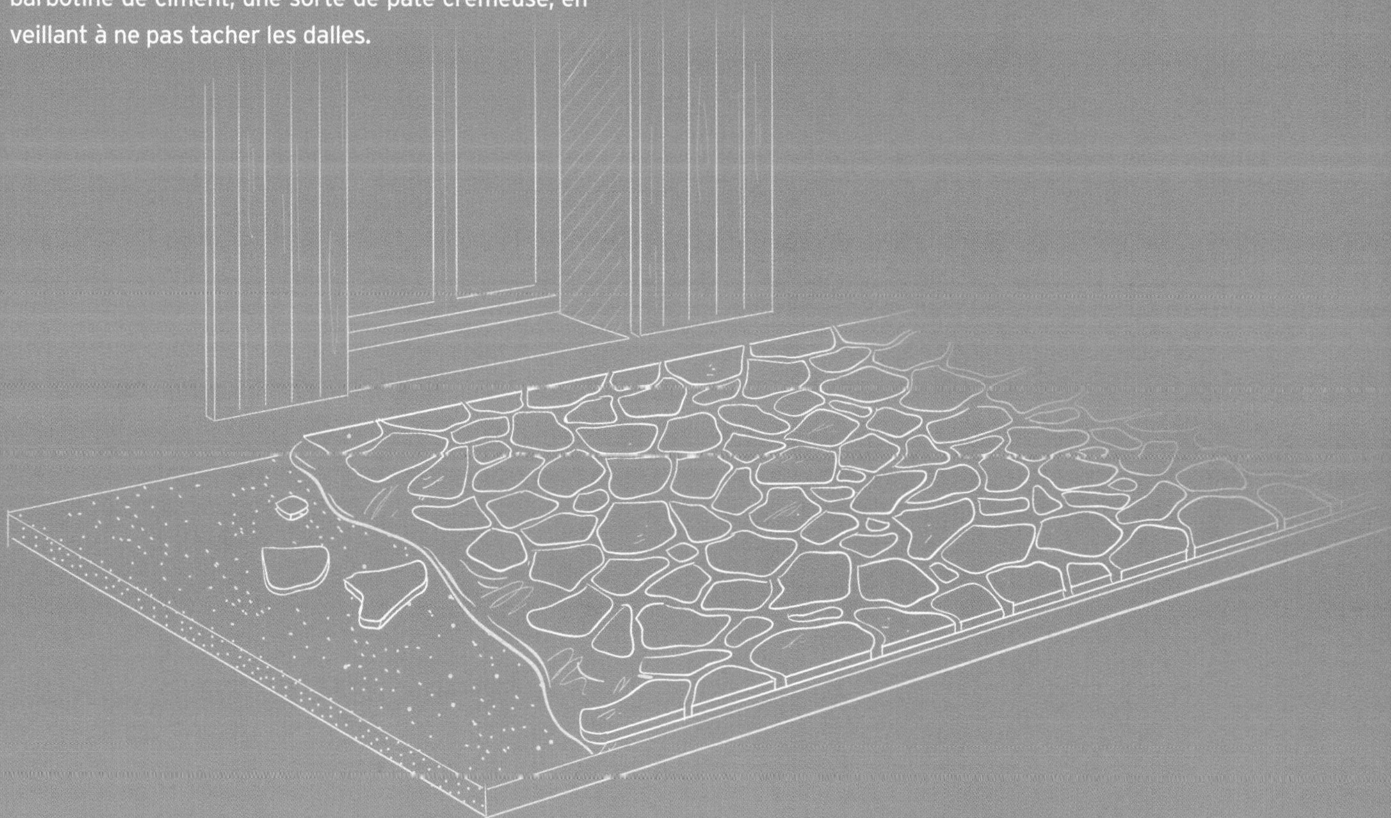

L'ENTRETIEN

L'aspect des dalles et des pavés évolue avec le temps. Par exemple, les pierres calcaires se couvrent d'une fine couche résistante, le calcin, qui les protège des agressions climatiques. Aussi, pour ces pierres comme pour les autres, l'entretien se limite à des interventions légères. En aucun cas, un décapage énergique ne peut se justifier. L'intervention au nettoyeur à haute pression est particulièrement néfaste car cet appareil abîme bien plus qu'il ne nettoie.

Si vous souhaitez malgré tout réparer l'outrage du temps et raviver l'éclat d'origine de vos pierres, il est plus sage d'utiliser, avec modération, un shampooing adapté. Sa formulation dissout les taches et fait disparaître en douceur les mousses et les lichens qui s'accrochent naturellement aux pierres. Il n'est même pas nécessaire de frotter. En revanche, le rinçage au jet d'eau doit être copieux.

Les joints sont les points les plus fragiles. La végétation a tôt fait de profiter du moindre défaut pour s'installer. L'arrachage systématique est une méthode radicale et écologique. Une autre consiste à verser de l'eau bouillante. Cette dernière technique est également efficace contre les fourmis qui prennent plaisir à creuser leurs galeries dans la couche de sable. Cela peut paraître barbare. Mais l'est-ce plus que les pesticides en poudre ou en pulvérisation ?

Il existe dans le commerce des vernis incolores pour pierres qui permettent de les rendre imperméables. De fait, les taches ne s'incrustent pas et les mousses éprouvent plus de difficultés pour s'installer. Mais il est relativement difficile de traiter uniformément une large zone comme une terrasse. D'autre part, cette protection n'est pas définitive et la nature reprend progressivement ses droits. Après quelques années, l'aspect du dallage ainsi traité est parfois surprenant.

Page de gauche *Les sols en terre cuite sont sensibles aux mousses et à l'encrassement car leur nature poreuse et leur surface irrégulière en favorisent les dépôts. Des produits d'entretien permettent de retrouver un aspect proche des premiers jours. Une autre solution consiste à les nettoyer deux à trois fois par an avec un balai-brosse, juste pour enlever les plus gros dépôts. À proscrire, le décapage au nettoyeur à haute pression.*

Ci-contre *Les revêtements en pierre reconstituée sont traités dans la masse. Pour le fabricant, c'est facile puisqu'il suffit d'ajouter le composant adéquat dans la préparation de la pâte avant le moulage. Pour l'utilisateur, c'est la garantie de conserver longtemps un dallage impeccable.*

Les terrasses engazonnées

Réussir la transition entre la maison et le jardin demeure toujours le principe de base dans un projet de terrasse. Mais tout dépend où vous souhaitez placer le curseur. Plutôt maison, la terrasse est minérale, maçonnée, équipée et conçue comme une extension de l'espace intérieur. Son expression la plus aboutie est la véranda, lorsque l'intimité s'expose et que la maison s'ouvre sur son environnement.

À l'autre extrémité du curseur, plutôt jardin, c'est la terrasse qui s'efface et la nature reprend ses droits, comme ses usages. La végétation marque son retour, le bois est privilégié. Le gazon colonise les joints entre les dalles.

Il suffit dans ce cas d'envisager une pose classique sur lit de sable, de choisir des dalles plutôt lourdes et d'élargir les joints à 2 ou 3 cm. Après la pose, ces derniers seront remplis d'un mélange de sable, de terre fine et de

Page de gauche *Vous voulez jouer ? Fabriquez les pièces ! Il vous faudra juste compter le nombre de cases nécessaires pour créer un plateau d'échecs ou un jeu de dames. Ici, la fin du damier s'éparpille quelque peu. Mais c'est pour mieux assurer la transition avec le jardin. Échec et dame !*

Ci-contre, *Choisissez bien les graines qui serviront au remplissage des joints. Évitez les plantes coureuses et couvre-sol : elles risquent d'envahir rapidement la surface des dalles au risque de les faire complètement disparaître après quelques saisons seulement.*

semences de gazon. Deux semaines plus tard, il faudra déjà passer la tondeuse.

Le principe posé, les applications pratiques qui en découlent sont sans limite. Toutes les variantes de pose, à joint réglé ou en opus, peuvent être envisagées. Au dernier stade de son évolution, la terrasse engazonnée se singularise en évocation : le pas japonais, disposé çà et là, sans ordre mais avec distinction, constitue un dernier rappel avant de laisser la place à la pelouse. Mais savez-vous que celle-ci peut aussi servir de terrasse ?

LES DALLES D'ENGAZONNEMENT

Le gazon présente tous les avantages sauf celui de résister au piétinement et aux déformations : il faut renforcer le sol pour le maintenir plan et prévenir les flaques et la boue. Les dalles d'engazonnement sont exactement conçues pour cela. Elles se composent d'alvéoles, à poser sur le sol aplani et roulé comme pour une pelouse classique. Les dalles sont ensuite remplies d'un mélange de terre, de terreau et de sable, puis ensemencées. Le gazon se développe et comme les dalles sont solidaires entre elles, le sol ne se déforme pas, même si un véhicule roule dessus.

Ci-contre *Tout le charme d'un décor engazonné réside dans l'importance donnée aux joints. Ils agissent comme un gradateur, une échelle de mélange. Un joint fin laisse la part belle au minéral, aux dalles et aux pavés. En s'élargissant, le jardin reprend ses droits et finit par dominer. À vous de choisir, plutôt maison ou plutôt jardin ?*

Les terrasses nature

Une terrasse au débouché de la maison ? Bien sûr ! Mais pourquoi pas au milieu du jardin ou au bout d'une allée ? Si vous avez suffisamment de place, ne vous en privez pas. Vous pouvez ainsi composer différents lieux, des espaces de vie que vous prendrez plaisir à visiter. Et si vous pouvez bénéficier de la richesse de Louis XIV et des talents qu'elle a financés, offrez-vous Versailles et ses jardins. Inspirez-vous de la grotte de Thétys, de l'Orangerie, des bassins, des précieux bosquets, ceux de l'Encelade, de la Salle de bal ou de la Colonnade.

Page de gauche *Perdue dans le jardin ou nichée au pied d'une façade latérale, la terrasse nature dissimule ses secrets et ne dévoile ses charmes qu'au regard curieux du visiteur folâtre. Il s'attardera sur ses lignes, son galbe et ses valeurs, en se laissant gagner par la quiétude de cet espace tranquillement accueillant.*

Double page suivante *Dans une terrasse nature, tous les éléments se combinent pour composer le décor sans que l'un s'affirme et prédomine. Il s'agit donc d'associer les revêtements, les plantes, le mobilier comme autant d'ingrédients d'une recette de cuisine. Mais, à la différence de celle-ci, vous conservez toujours le droit à l'erreur et vous pouvez procéder en permanence à des modifications. C'est même conseillé*

Il y a là une source d'inspiration prodigieuse qui franchit allègrement les contraintes strictes de la terrasse classique. Car celle-ci reste encadrée par des codes et par le bâtiment auquel elle est associée : il faut conserver une certaine cohérence de style, un rapport d'échelle minimal pour que les deux éléments forment un ensemble harmonieux. Dès lors que la terrasse s'émancipe de cette tutelle, la création, comme à Versailles, ne connaît que la surface du terrain disponible en guise de limite.

JOUER DES RELIEFS

L'expression la plus stricte de la terrasse indépendante est le kiosque à musique, fiché bien en vue au centre de la pelouse. Si la surface du jardin est plutôt modeste au vu de vos ambitions, il constitue une bonne solution. Il suffira de l'habiller convenablement pour qu'il devienne la pièce centrale de votre jardin vers laquelle tous les regards convergeront. Mais dans la plupart des cas, une terrasse indépendante doit se découvrir et préserver une certaine intimité. C'est plus amusant.

À ce titre, le Festival annuel des jardins de Chaumont-sur-Loire est une autre source d'inspiration, avec ses vingt-six parcelles entourées de haies de hêtres et de charmes, de 240 m² chacune. La visite vous promène d'un décor à l'autre et vous fait changer de style, d'ambiance et parfois même d'époque au gré de vos pas.

La terrasse nature profite aussi, lorsque l'environnement s'y prête, des reliefs du terrain. Lovée dans une dépression, calée contre un talus, elle devient un petit théâtre de verdure. En d'autres lieux, elle sera surélevée et servira de transition, pour disposer d'une surface plane tout en limitant les travaux de terrassement.

INVITER LA NATURE

Installée dans le jardin, cette terrasse se doit de privilégier les plantes et de leur laisser la part belle. Les haies, les accotements plantés, les plates-bandes dessinent les

Ci-dessous, à gauche *La terrasse et le jardin se confondent. Des espaces sont clairement réservés à l'un et à l'autre. Mais d'autres assurent des transitions discrètes, comme ce pas japonais qui mène au pavillon d'été ou ce muret tout envahi par l'exubérance de la végétation.*

Ci-dessous, à droite *Plus sobre, plus simple, plus strict, cet, aménagement place la terrasse au centre du jardin et la borde d'un environnement taillé au cordeau. L'équilibre se maintient grâce à la minutie de l'entretien, bien artificiellement négligé.*

contours. Les grimpantes partent à l'assaut des structures de couverture. C'est tout bénéfice : l'aspect de la terrasse change au fil des saisons et n'impose pas de surcroît d'entretien.

Ci-dessous, à gauche *Si vous pouvez aménager un bassin, n'hésitez surtout pas, c'est le compagnon idéal d'une terrasse nature et il lui apporte de nouvelles perspectives. Mais l'idée n'est pas à la portée de toutes les ambitions. Si vous avez des enfants, joueurs de ballon ou explorateurs invétérés, des précautions s'imposent*

Ci-dessous, à droite *Plus le jardin est grand, plus il faut inventer des haltes. Suivez votre inspiration. Il est inutile de voir grand. Mais créez la différence : le premier utilisateur, c'est vous. Il ne faut pas en subir la monotonie.*

NE PAS OUBLIER L'EAU

L'eau est un autre élément à privilégier pour l'aménagement d'une terrasse nature. Elle est trop souvent absente et reléguée à son aspect le plus gênant, associé à la mélancolie des jours de pluie.

Il suffit pourtant de peu de choses d'une petite fontaine, d'un bassin discret, d'un jeu d'eau mélodieux, pour créer une ambiance feutrée, intime, une sorte de bulle où le temps ralentit, dans la fraîcheur et la quiétude. Aujourd'hui, ces petits aménagements, lorsqu'ils sont préfabriqués, sont très faciles à installer. Il est dommage de s'en priver.

Les terrasses couvertes et toits-terrasses

Dans le jardin, il est toujours possible de tricher un peu, de gagner quelques centimètres sur les massifs ou la pelouse, afin d'implanter la terrasse dans les meilleures conditions. Vous pouvez aussi jouer sur la forme, les arrondis, les pans coupés, le relief…

Sur une terrasse couverte ou un toit-terrasse, ces fantaisies sont strictement encadrées par les limites même de la surface à aménager. La création se reporte alors sur l'art de composer avec ces impératifs pour donner un sentiment d'espace, créer une ambiance, renforcer une atmosphère qui changeront le lieu et sa perception. L'imagination a souvent besoin de la contrainte pour s'épanouir pleinement. Voir sans être vu, aménager sans déranger, personnaliser sans enfreindre les règlements. Voilà qui peut la stimuler !

Page de gauche *Où sommes-nous ? Dans quel décor de cinéma ? Quel décorateur facétieux a-t-il bien pu reconstruire une Tour Eiffel en arrière-plan ? La réalité est tout aussi extraordinaire puisqu'il s'agit bel et bien d'un toit parisien. Et, pour créer une telle féerie, peu s'en faut : un immeuble, un toit plat, un paysagiste et le tour est joué. Reste le détail de la tour Eiffel…*

Les terrasses couvertes

Une pergola ? Non, une terrasse couverte ! La différence entre les deux est subtile. Pourtant, elle saute aux yeux, car la terrasse est intégrée au plan de construction alors que la pergola est indépendante. En règle générale, la terrasse couverte est intimement liée à l'architecture de la maison avec laquelle elle crée des volumes et se joue des lignes. Dans son expression la plus simple, il s'agit d'un auvent ou d'une avancée de toiture qui protège les abords proches de la maison, pour les mettre à l'abri de la pluie ou de la neige qui glisse du toit.

Dans sa forme classique, en loggia, la terrasse couverte est souvent associée au salon, à la salle à manger d'une maison modeste ou à la pièce de réception des demeures bourgeoises. Elle constitue alors un prolongement à l'extérieur de la fonction de l'espace intérieur. Elle permet de déjeuner dehors lorsque le temps est clément, de séquencer les usages, de moduler l'espace. Dans le même temps, elle participe activement à l'architecture de la façade par la création de reliefs, l'adaptation de la modénature, la rupture avec les lignes de fuite classique, en hauteur ou en largeur. Elle s'inscrit dans le décor d'ensemble de la façade à laquelle elle est reliée.

PROTECTION ET LIBERTÉ DE STYLE

À la différence d'un balcon dont l'aménagement doit tenir compte tout à la fois du voisinage et des résistances physiques du bâtiment, une terrasse couverte associée à une maison individuelle offre une plus grande liberté d'adaptation tant par le choix des matériaux, que celui des couleurs et, dans le cadre d'une création, des volumes.

Comme il s'agit d'un espace de transition entre la maison et le jardin, il est d'abord nécessaire de privilégier l'un ou l'autre. Par exemple, une terrasse couverte plutôt jardin fera la part belle aux matériaux naturels, au bois, à la terre cuite, aux couvertures végétales. Plutôt maison, elle sera plus minérale, en lien avec la façade, rythmée par l'accessoire et l'aménagement.

Dans les deux cas, que la terrasse soit associée plutôt au jardin ou plutôt à la maison, tous les matériaux destinés aux revêtements de sol extérieurs sont utilisables ainsi que leur mode de pose dédié.

LA VÉRANDA

La véranda est l'évolution ultime de la terrasse couverte et la plus en vogue aujourd'hui. La logique de conception d'un espace de transition entre la maison et le jardin franchit le dernier degré qui le sépare de l'espace habitable intérieur et de son intimité.

Alors qu'une terrasse extérieure classique est ouverte aux quatre vents et au regard de l'autre, la véranda transforme le jardin en espace intime, à l'abri des aléas du climat et du jugement extérieur. Il ne s'agit donc plus strictement d'une terrasse. Pourtant, les principes d'aménagement sont comparables, à commencer par le parti pris initial, plutôt jardin ou plutôt maison. À cela s'ajoutent d'autres contraintes, notamment lorsque la véranda est ouverte sur l'espace intérieur, qu'elle joue le rôle de régulateur thermique dans les maisons bioclimatiques et enrichit d'une fonction technique particulière son apport esthétique indéniable.

Dans ces conditions, le revêtement de sol s'adapte et s'offre de nouvelles suggestions. Par exemple, les intempéries n'étant plus à craindre, les finitions intérieures classiques font leur apparition, avec le parquet bien sûr, mais aussi le béton ciré et les matériaux naturels comme le jonc de mer ou le bambou.

Les toitures-terrasses aménagées

Le principe du toit en terrasse est une tradition ancestrale qui nous vient du fond des âges. Les terrasses des ziggourats des cités antiques d'Uruk ou d'Ur en Mésopotamie, il y a 5 500 ans, étaient conçues pour les offrandes divines. Aujourd'hui encore, cette conception est très courante dans toutes les régions du monde. Nos sociétés urbanisées ont développé le principe et l'ont généralisé à la plupart des bâtiments de plus de trois étages : tous les immeubles ont des toits en terrasse. Mais la maison individuelle est également présente. L'architecture contemporaine s'affranchit souvent des toits traditionnels en pente.

Ce nouvel espace est le dernier territoire de conquête. La fonction résidentielle a longtemps été confinée entre les murs, à l'étage, encadrée au rez-de-chaussée par des destinations utilitaires (magasins en ville, étables,

Page de gauche *La terrasse couverte crée une véritable transition entre la maison et le jardin au point de confondre les deux univers. L'harmonie doit être recherchée dans l'aménagement et la part dévolue aux différents éléments. N'oubliez pas que la surface reste strictement limitée et qu'il est plus difficile de s'échapper en direction du jardin, dimensions de la couverture obligent.*

Ci-contre *Une terrasse surélevée marie l'intime et le public, le jardin et l'urbain, la quiétude et le concert de la rue. C'est un éternel pas de deux, une valse-hésitation entre deux univers, un mariage sans raison, tout en contradiction. Et dire que cela crée une harmonie…*

garages) et sous le toit par le grenier dévolu au stockage et au rangement. Dans les années 1970, elle a annexé le grenier et le sous-sol avec la grande période des aménagements de combles et des solutions gain de place. Puis elle s'est étendue à l'extérieur et s'est emparée du jardin. La terrasse couverte et la véranda en sont des illustrations, comme le garage indépendant ou la tendance actuelle aux chalets de loisirs, sortes de prolongations de l'art d'habiter en autonomie au fond du jardin. Il est logique dans ces conditions que le toit en terrasse contribue à cette évolution par la surface dont il dispose. Finalement, c'est un juste retour des choses, même si l'usage religieux de cet espace par nos ancêtres cède aujourd'hui la place à la paresse.

DALLAGES ET GRAVIER

Le point sensible d'un toit en terrasse est son étanchéité qui doit être préservée en toutes circonstances. Celle-ci est obtenue par différents moyens qui reposent sur des principes communs. Le premier consiste à concevoir une étanchéité continue, avec le moins de pénétrations possible, réduites aux conduits de cheminée et de ventilation, par exemple. Le second s'attache à apporter une protection pour placer le système d'étanchéité à l'abri des intempéries et de l'ardeur du soleil.

L'aménagement doit tenir compte de ces contraintes. Par exemple, les perçages sont interdits. De même, une étude préalable doit être menée si un aménagement lourd est envisagé ou s'il y a un risque de perturber le drainage des eaux de pluie.

Le gravier roulé en couche épaisse est le revêtement traditionnel des toits en terrasse. Il convient mal pour un usage permanent car il est fluctuant et se tasse sous le pas. Il est réservé aux terrasses inaccessibles.

L'un des meilleurs revêtements est la dalle posée sur plots. Elle est suffisamment solide pour supporter une utilisation régulière. La hauteur des plots étant réglable, il est possible de disposer d'une terrasse horizontale, indépendante des contraintes de drainage. D'autre part, comme il n'y a pas de joint au ciment entre les dalles, il n'y a pas de rétention d'eau. Et le revêtement reste démontable pour toute intervention ultérieure relative à un problème d'étanchéité.

LES TOITURES VÉGÉTALISÉES

Une fois encore, les jardins suspendus de Babylone, l'une des Sept Merveilles du monde antique, nous rappellent que les toutes dernières tendances en matière d'aménagement puisent leurs origines aux racines profondes de nos cultures. Les toitures végétalisées en sont le dernier avatar. Il s'agit simplement d'apporter de la terre sur le toit et de mettre celui-ci en culture.

Les contraintes techniques actuelles ont adapté le principe. La couche de terre prend le nom de substrat et les plants précultivés sont spécialement adaptés pour résister à des contraintes particulières comme l'exposition permanente au soleil ou l'absence d'arrosage. L'intérêt du procédé est de retarder le transfert d'énergie en été, pour éviter la surchauffe de l'intérieur du logement en pleine canicule. La couche végétale joue le rôle de tampon et contribue à maintenir la fraîcheur. Elle retarde également l'évacuation de la pluie. Ce rôle d'éponge, outre le fait qu'il participe à l'équilibre thermique, réduit l'engorgement des réseaux d'évacuation, de la maison d'abord, puis du quartier et de la station de traitement.

Ce type de toiture végétalisée n'est pas adapté à la circulation : il n'est pas possible de marcher dessus au-delà de ses nécessités d'entretien. En revanche, il peut être combiné avec un revêtement en dalles. Ce dernier dessine les allées, définit les espaces de repos ou de détente.

QUELQUES RÉSERVES

- Il est impossible de percer le sol d'un toit en terrasse. Pour maintenir vos aménagements (brise-vue, parasols...), lestez-les grâce à des jardinières à demi remplies de graviers. Pour la déco, emboîtez une seconde jardinière dans la première et installez des plantes.
- Prenez garde aux chutes. Un garde-corps est indispensable et obligatoire si vous utilisez votre toiture-terrasse. Il doit respecter la réglementation, notamment en matière de hauteur et d'espacement entre les barreaux (voir p. 107).
- Certains aménagements exigent une étude très précise. Par exemple, l'idée d'une piscine sur le toit est séduisante, mais les contraintes techniques sont nombreuses. L'intervention d'un professionnel hautement qualifié s'avère alors non seulement nécessaire mais indispensable.
- Malgré sa résistance, le revêtement d'étanchéité n'est pas éternel. Votre aménagement doit pouvoir être facilement enlevé, pour une intervention localisée comme pour une rénovation complète.

Aménager la terrasse

Le choix du revêtement de sol, bois ou matières minérales, détermine le style général de votre terrasse et ses couleurs principales. Le bois est généralement plus sombre. Il absorbe la lumière, prévient les éblouissements. Des touches de couleur permettront de raviver l'impression générale, d'apporter un peu de gaieté. À l'inverse, une pierre blanche, sous le soleil à son zénith, écrase les reliefs par la lumière qu'elle renvoie. Il faut tempérer cette ardeur, la domestiquer, pour l'utiliser lorsque c'est nécessaire, la moduler selon les besoins.

L'aménagement de votre terrasse doit aussi tenir compte de ses abords, du voisinage et, surtout, de vos envies. La touche finale est souvent apportée par la décoration florale. Elle assure la transition avec le jardin, sans être envahissante, et apporte un peu de fantaisie lorsque l'ensemble est trop austère.

La protection solaire

Efficace et amovible. Tels sont les deux critères indispensables d'une protection solaire adaptée, quels que soient l'aménagement et la configuration de votre terrasse. En effet, elle est impérative l'été, pour tempérer l'ardeur du soleil, mais elle s'avère gênante lorsque la lumière baisse, en fin de journée ou dans le courant de l'hiver : le jour ne parvient plus à l'intérieur des pièces qui jouxtent la terrasse et la clarté perdue à l'extérieur vous oblige à faire usage de l'éclairage électrique.

Page de gauche L'aménagement de la terrasse est une conception d'ensemble dans laquelle chaque élément trouve une place à condition d'avoir été soigneusement réfléchi. Les mauvaises surprises sont ainsi évitées et l'ensemble compose un art de vivre harmonieux, propice au calme et à la quiétude.

LES STORES BANNES

Pratique et discret, le store banne s'est logiquement imposé au-dessus de la terrasse, aussi simplement que le volet roulant l'a fait pour l'occultation des fenêtres, car ces deux systèmes offrent le même avantage : l'un comme l'autre se plient à vos besoins avec une grande facilité et, lorsqu'ils sont rangés, leur présence se fond dans le décor.

Le store banne comporte une barre de charge, des bras extensibles, un tambour d'entraînement et un système de manœuvre. Les bras sont tendus par des ressorts ou des câbles intégrés. Ce dispositif permet de maintenir la toile tendue en toutes circonstances, qu'elle soit à peine dépliée ou entièrement. Le système de manœuvre classique est la manivelle, rapidement fastidieuse dès que le store affiche des dimensions honorables. Pour cette raison, il est préférable dès l'achat de prévoir un store motorisé. Un moteur tubulaire emboîté dans le tambour d'entraînement est alors contrôlé par un interrupteur ou une télécommande sans fil.

En principe, il faudrait toujours que le store banne déplié couvre la totalité de la surface de la terrasse. En pratique, c'est souvent difficile. Mais il faut tout de même voir le plus grand possible parce que le soleil n'est à la verticale de la terrasse qu'au niveau de l'équateur terrestre. En France, ses rayons sont toujours inclinés, très peu en juin autour de la Saint-Jean, beaucoup en décembre pour Noël. Cette inclinaison varie aussi pendant la journée.

Comme le soleil « tourne » d'est en ouest, la table des invités, à l'ombre au début du repas, risque de se retrouver exposée au moment du café. Le seul remède pour pallier ce désagrément est de prévoir un store le plus vaste possible, aussi bien en largeur qu'en profondeur.

En largeur, il n'y a pas véritablement de limite puisqu'il est toujours envisageable d'accoler plusieurs stores bannes si un seul est insuffisant. En profondeur en revanche, la portée est limitée du fait de la charge imposée aux bras de manœuvre et à l'inclinaison de la toile. Car lorsque le store est déplié, il faut quand même une hauteur suffisante pour passer sous la barre de charge sans se cogner. La profondeur moyenne est donc généralement comprise entre 3 et 4 m. Dans les meilleurs cas, elle atteint 5 ou 6 m.
Il peut être alors intéressant, dans ces conditions, de remplacer le store banne classique, fixé à la façade, par un store de pergola à bras articulés et double pente, monté sur une structure indépendante et placé perpendiculairement à la maison.

TOUT AUTOMATIQUE !

Le fonctionnement d'un store banne motorisé peut être entièrement automatisé. Il suffit pour cela d'adapter le module de commande à vos exigences. Par exemple, il existe dans le commerce des ensembles de détecteurs qui réagissent à la lumière, à la pluie et au vent. Le store se déplie lorsque le soleil est trop ardent, remonte en cas de pluie ou si le vent est trop fort.

Ce fonctionnement peut aussi être asservi à l'ambiance à l'intérieur de la maison, par exemple pour déclencher l'ouverture du store en cas de canicule afin d'empêcher le soleil d'entrer. Vous pouvez enfin raccorder le fonctionnement du store au système de gestion générale du logement et l'adapter en fonction des horaires de la journée, de la saison ou du jour de la semaine.

Cette exécution automatique contribue à la simulation de présence en votre absence.

Mais le système de commande le plus pratique reste encore la télécommande à liaison radio sans fil : depuis l'endroit où vous vous trouvez, il suffit d'un bouton pour soumettre l'ensoleillement à vos envies. Un véritable luxe, surtout pendant la sieste !

Ci-contre Déplié, replié, le store banne est un serviteur zélé qui se plie aux nécessités. C'est aussi un compagnon discret qui sait se faire oublier lorsqu'il n'est pas utile. Ses déclinaisons sont nombreuses. Aujourd'hui, il sert aussi la nuit. Dans ce cas, sa barre de charge s'agrémente d'un éclairage intégré.

Pour la toile, le choix est affaire de style et de qualité. En effet, le principal inconvénient d'un store banne, comme tous les textiles tendus, est de générer un effet de serre sensible. Le soleil chauffe la toile. Une partie de cette énergie la traverse et le store se transforme en radiateur rayonnant. C'est la raison pour laquelle il fait souvent plus chaud sous ce type d'auvent qu'à l'ombre d'un arbre. Pour limiter ce problème, il existe aujourd'hui des toiles spécialement traitées qui filtrent le rayonnement solaire et permettent l'évacuation de la chaleur grâce à des microperforations ; l'élévation de température est alors tempérée.

Quant au style, il faut aimer l'uni ou les rayures qui composent l'essentiel de l'offre. En fouillant un peu dans les magasins spécialisés, il est possible de dénicher des motifs plus originaux, disponibles sur commande. En règle générale, il est préférable de choisir des couleurs neutres, qui s'accorderont sans problème à l'ambiance de votre aménagement, et plutôt claires car le sombre renforce l'impression de chaleur. Surtout, n'oubliez pas le lambrequin ! Cette petite toile pendante est glissée sous la barre de charge. Elle s'avère très précieuse pour s'opposer au soleil en fin de journée, lorsque ses rayons se couchent sur l'horizon.

FIXATION

Un store banne se fixe en applique sur la façade ou sous une avancée (balcon ou loggia). Il convient de prendre toutes les précautions nécessaires pour assurer une fixation solide, en particulier si la maison est isolée par l'extérieur. Dans ce cas, l'ancrage doit être réalisé dans le mur porteur et non dans l'épaisseur d'isolant. Si le store est exposé aux intempéries, il faut protéger sa toile lorsqu'elle est enroulée. Au plus simple, la casquette ou le semi-coffre préserve de la pluie. Plus complet, le coffre intégral, ou cassette, assure une protection totale de l'enroulement.

LES PARASOLS

Toutes les remarques précédentes à propos des stores bannes s'appliquent aux parasols, la motorisation exclue. Carrés, rectangulaires ou circulaires, vos parasols doivent être grands, jusqu'à atteindre les dimensions d'un kiosque. Attachez la même importance au choix de la toile. Pour la manœuvre, le moyeu coulissant entraîné par un système de poulies est bien plus facile à utiliser qu'une ouverture directe, qui vous oblige à plonger sous le parasol.

La stabilité doit être étudiée avec soin. Le trou au centre de la table n'a pas pour fonction de retenir le parasol en cas de coup de vent. Pour un petit modèle, un lest, rempli d'eau, de sable ou de béton, peut s'avérer suffisant. Pour un grand parasol, un sabot directement vissé dans la terrasse est beaucoup plus efficace. Certains modèles sont équipés de cordelettes fixées à l'extrémité des baleines qu'il convient de ficher au sol grâce à des « sardines », comme une toile de tente.

LES VOILES

Le charme de ces protections solaires est incontestable. Fichées sur des poteaux discrets et haubanées par des cordelettes, elles apportent un nouveau volume, une perception différente de l'espace, tout aussi pratique qu'esthétique.

Elles présentent aussi l'intérêt d'être dépourvues de mât central, un atout lorsqu'il s'agit d'apporter de l'ombre à une grande table de convives. En revanche, ces voiles sont relativement difficiles à mettre en place et, surtout, il faut les enlever dès qu'elles ne servent plus car elles ne sont pas conçues pour résister au vent au-delà de 50 km/h, une valeur largement dépassée dès que l'orage menace.

LES PERGOLAS

Une structure légère, en bois ou en métal, doublée d'une protection solaire, des canisses, une toile ou des plantes grimpantes. La pergola est idéale pour protéger une grande terrasse, d'autant qu'elle ne présente pas de contrainte de superficie. Selon vos envies, vos besoins ou votre budget, elle couvre tout ou partie de votre aménagement. Mise en place en début de saison, la protection solaire est enlevée à l'automne et remisée pendant l'hiver. Lorsqu'il s'agit de plantes, il suffit de choisir des variétés caduques, qui perdent leurs feuilles en hiver, pour obtenir le même résultat.

Page de gauche *Rond ou carré, le parasol prend place au centre de la table. Déporté, il s'installe sur le côté. Dans l'idéal, autant en posséder plusieurs et les disposer de façon pratique tout au long de la course du soleil. Ainsi vos invités resteront toujours à l'ombre. Prenez garde au vent ; il est souvent mutin !*

Ci-dessous *Une couverture opaque protège efficacement des ardeurs du soleil mais pas toujours de la chaleur qui rayonne sous le plafond à la manière des parois d'un four ou d'une cheminée. Il convient donc de bien étudier la conception de l'ensemble et de tenir compte également de la réduction de lumière dans les pièces adjacentes à l'intérieur de la maison.*

Page de gauche *Elle est toute simple et elle est en kit. Cette tonnelle, solidement ancrée dans le sol grâce à ses sabots en acier galvanisé, trouve facilement une place dans le jardin pour créer un kiosque. Elle se prolonge à loisir, en longueur comme en largeur.*

Ci-contre, en haut *Le métal connaît un retour en grâce ces dernières années. Bien sûr, il ne s'agit plus des réalisations délicatement forgées très en vogue au XIXe siècle. Les volutes sont plus sages et les assemblages sont vissés. Mais la finesse de l'ensemble demeure.*

Ci-contre, au milieu *Cette tonnelle adossée se caractérise par son galbe singulier tout aussi pratique qu'esthétique : en cas de pluie, l'eau ruisselle jusqu'au bas de la pente et vous êtes à l'abri même en cas d'averse soudaine.*

Ci-contre, en bas *Cet appentis en bois prolonge élégamment l'harmonie discrète de la façade tout en lui apportant un peu d'animation. L'ensemble est harmonieux, sans ostentation, une excellente garantie pour s'affranchir des modes fugaces.*

Le mobilier

Surtout, prenez votre temps ! C'est bien le meilleur conseil qu'il soit possible de donner pour choisir votre mobilier de terrasse. C'est aussi le moyen le plus sûr d'éviter la banalité affligeante des éléments en plastique bas de gamme.

Loin de nous l'idée de stigmatiser un matériau en particulier : la qualité de certaines collections de meubles de jardin en résine n'a rien à envier à celles, réputées plus nobles, en métal ou en bois ; tout aussi belles, elles sont même souvent plus résistantes au vieillissement. Il s'agit plutôt de pointer ces fauteuils empilables, blancs ou verts, vendus par palettes entières chaque printemps dans les grandes surfaces, avec la table assortie. L'économie à l'achat n'est même pas rentable tant ces produits sont fragiles et cassent après quelques saisons, exposés aux intempéries.

LE REPAS

Votre table de jardin doit être grande. Il faut pouvoir tenir à six, voire à dix. Car comme celle du salon, elle est dévolue à la réception et donc à un nombre d'invités à géométrie variable. Or, autant il est simple d'installer quatre couverts sur une table pour dix, autant l'inverse tourne à la mêlée de rugby ! Cette table est associée à un nombre équivalent de sièges.

Chaises ou fauteuils, les modèles pliants ont l'avantage de ne pas encombrer la terrasse lorsqu'ils ne sont pas utilisés et de pouvoir être rangés facilement. Prévoyez impérativement des coussins car, même s'ils sont design et haut de gamme, ces sièges sont souvent inconfortables.

Ci-contre Composez le décor de votre terrasse comme une pièce à part entière de votre maison. Il faut tenir compte des circulations, de la disposition des lieux, de la décoration et des éléments rapportés qui jouent sur les ambiances et les volumes.

Pensez également aux accessoires autour du repas et, en particulier, à la table de desserte et à celle que l'on destine aux boissons, parfaites pour prendre l'apéritif sous forme de buffet ou faciliter les allers-retours avec la cuisine ou le barbecue.

LE REPOS

Le repas terminé, le bain de soleil vous tend ses bras. Pour bien le choisir, il faut l'essayer. Des formes douces, galbées, épousent les courbes du corps et apportent leur soutien là où c'est nécessaire sans provoquer de points de compression. Si les lignes sont trop strictes, un bon coussinage apportera le confort.

Le repos, c'est aussi la très classique balancelle, tombée dans l'oubli, qui marque aujourd'hui un retour triomphant sur l'avant de la scène. Sur la terrasse, vous l'installerez sur un côté, dos au sud ou à l'ouest, pour assurer la meilleure protection des utilisateurs par rapport au soleil.

Le repos, c'est encore le hamac, solidement arrimé, toujours difficile à installer, ou les salons d'extérieurs complets, déclinés en fauteuils clubs, canapés et chaises longues assortis.

LES MATÉRIAUX

> Les meubles en **métal** sont principalement fabriqués en fer, autrefois forgé, désormais soudé. Ce matériau est résistant et permet d'obtenir des éléments d'une grande finesse qu'il est possible de décliner à l'envi dans toutes les variantes de mobilier.

La rouille constitue leur point faible. Il faut une inspection et un entretien réguliers pour la prévenir. Ce défaut est particulièrement sensible sur les produits d'entrée de gamme, qu'il n'est pas rare de voir rouiller dès la fin de la première saison.

Il est bon aussi de vérifier la qualité des assemblages. Une soudure correcte doit être invisible. Elle ne doit surtout pas griffer ni occasionner d'accrocs.

Plus récemment, le mobilier en aluminium s'est généralisé. Léger, ce matériau offre l'avantage de ne pas rouiller. Il convient bien aux lignes modernes et au style contemporain.

Ci-contre *À quel usage destinez-vous votre terrasse ? Attention, ne répondez pas trop vite à cette question. Car, bien souvent, cela ne correspondra pas à la réalité. Car la fonction, ou l'utilité, d'une terrasse dépend de la saison, de votre humeur, des circonstances. De quoi tout envisager.*

> Pour le **bois**, le choix est déterminé par les mêmes conditions et restrictions que la terrasse elle-même. Les bois exotiques doivent être impérativement certifiés FSC ou PEFC.

Seuls les plus résistants se passent de traitement. Mais même ceux-là finissent par se décolorer. Un huilage très régulier, au moins une fois par an, est indispensable.

Parmi les bois européens, le chêne, le châtaignier et le robinier sont aussi résistants que les meilleures essences exotiques. Pour les autres, un traitement de protection est nécessaire. Dans tous les cas, il est prudent de les mettre à l'abri durant la mauvaise saison.

> D'autres **fibres végétales** sont utilisées pour confectionner du mobilier extérieur et font la part belle à l'art de la vannerie. Osier, rotin, bambou, chanvre et autres permettent d'obtenir des formes originales, au design élégant.

Chaque fibre possède ses qualités intrinsèques et réclame parfois un entretien spécifique. Renseignez-vous sur ses particularités lors de l'achat.

> Les **matières synthétiques** sont également présentes sur le marché du mobilier extérieur. La plus répandue est le PVC, utilisé en l'état ou en combinaison avec des charges minérales qui en modifient l'aspect, les caractéristiques techniques et le prix. D'autres matières sont utilisées, notamment en version recyclée.

Enfin, à mi-chemin entre le textile et le plastique, les toiles enduites ou en fibres entièrement synthétiques composent de nouvelles lignes de mobilier, parfaitement adaptées à l'extérieur, grâce à leur résistance aux intempéries, au vieillissement et cela, sans entretien.

Les garde-corps, brise-vent et brise-vue

Bien sûr, ils ont une fonction pratique. Mais le rôle esthétique de ces éléments est tout aussi important. Bien disposés, ils contribuent à structurer l'espace de la terrasse, à en répartir les volumes en lui définissant des limites et une dimension verticale. Largeur, profondeur et désormais hauteur, ces repères étant ainsi déterminés, votre terrasse s'intègre facilement dans la composition plus générale du jardin. Aussi, même si vous n'avez pas réellement besoin d'un garde-corps, d'un brise-vent ou d'un brise-vue, envisagez quand même leur installation.

LES GARDE-CORPS

La réglementation est très stricte sur le sujet, lorsque le garde-corps est utilisé pour prévenir les chutes, depuis un balcon ou une terrasse surélevée. Elle est précisée par deux normes (NF P 01-012 et 01-013) ainsi que toute une série de décrets et d'arrêtés. Il en ressort que cette protection doit atteindre au moins 1 m de hauteur.

D'autre part, les vides entre les barreaux verticaux doivent mesurer moins de 11 cm de large et les espaces entre deux traverses horizontales doivent être inférieurs à 18 cm, voire seulement 5 cm au ras du sol. Et lorsque le motif du garde-corps est composé, il ne doit pas permettre le passage d'un pavé de 11 cm de côté et de 25 cm de long. Il ne faut pas non plus que ce motif puisse servir de marchepied pour grimper sur la rambarde jusqu'à une hauteur de 35 cm au-dessus du sol.

Ces consignes étant strictes, fiez-vous à la certification NF lors de l'achat. Mais elles ne sont obligatoires que dans le cas où le garde-corps doit prévenir les chutes. S'il s'agit simplement de fermer la terrasse à la manière d'une clôture, toutes les solutions peuvent être envisagées, avec une dernière restriction, tout de même, si cette barrière est destinée à contrôler l'accès à une piscine enterrée. Dans ce cas, il faut appliquer d'autres lois et normes (NF P 90-306).

Quelle que soit l'utilisation, le garde-corps doit être solidement fixé dans le sol de la terrasse, de préférence dans la structure porteuse, les poutres d'appui ou la dalle de béton.

BRISE-VENT ET BRISE-VUE : DEUX NOMS, UN USAGE

Brise-vent et brise-vue désignent le même produit, à savoir un panneau d'une certaine dimension destiné à servir de cloison légère. Le nom est surtout décliné en fonction de l'usage attendu. Dans les deux cas de figure, les matériaux utilisés et l'installation sont identiques.

Ci-contre *Utilisé en tant que tel, un garde-corps doit prévenir les risques de chute et doit donc, à ce titre, respecter à la lettre toutes les exigences de la réglementation. Mais cela ne signifie pas pour autant renoncer aux figures de style et aux démarches design. En témoigne cette réalisation aérienne, équipée de remplissages en verre Securit.*

Page de droite *L'éclairage peut servir à définir les contours de la terrasse, comme ici. Il peut aussi emprunter d'autres artifices, s'inviter dans les arbres, accompagner la pergola, mettre en valeur les massifs. N'hésitez pas à combiner les sources, sans jamais perdre de vue la fonction principale : éclairer.*

En version classique, un panneau d'occultation est rectangulaire ou carré, d'une hauteur moyenne comprise entre 1,80 m et 2 m. Les plus simples dessinent un treillage en losanges et servent de support aux plantes grimpantes, passiflore, chèvrefeuille ou ipomée. La gamme se poursuit avec les panneaux à claire-voie, les lacis, les formes arrondies, les compositions menuisées...

Le choix est vaste et se décline encore selon les matériaux. Pour le bois, le pin traité de classe 3 convient bien. Il est économique et facile à décorer, à vernir ou à peindre. Pour leur part, les matériaux synthétiques proposent des formes plus originales et s'appuient sur leur atout principal, c'est-à-dire l'absence d'entretien.

Les panneaux peuvent encadrer la terrasse ou n'en occuper qu'un côté. Vous pouvez aussi jouer sur les volumes et fractionner l'espace. Par exemple, il suffit d'un panneau placé à chaque angle d'une terrasse rectangulaire pour en définir les limites sans rompre la perspective sur le jardin.

Si vous assemblez trois panneaux en U, vous créez un espace intime, agrémenté d'une banquette confortable. Ces combinaisons sont nombreuses et déclinables à l'infini, d'autant que l'installation des panneaux est plutôt facile. Ils sont vissés sur des poteaux, eux-mêmes fixés dans la terrasse. Vous pouvez aussi les adosser à de grandes jardinières bien remplies qui feront office de lest.

Enfin, si l'offre proposée en magasin ne vous convient pas, il vous reste toujours la solution de créer vos parements sur mesure. Si vous avez quelques notions de bricolage, un soupçon de sensibilité artistique et le goût de la décoration, c'est un aménagement à votre portée.

L'éclairage et l'équipement électrique

Bien sûr, ce n'est pas indispensable. Il est toujours possible de tirer une rallonge ou d'accrocher une lampe à gaz pour prolonger une soirée estivale. Mais si vous vous lancez dans les travaux pour créer la terrasse de vos rêves, autant en profiter pour lui apporter tout le confort nécessaire, pour la même raison qu'il ne se construit plus aujourd'hui de maison sans électricité ni eau.

L'ÉCLAIRAGE ET L'ACCESSOIRE

Lampadaires sur pied, appliques murales, balises de hauteur réduite, projecteurs, lanternes... Les luminaires pour l'extérieur sont pléthore, alors n'hésitez pas à les combiner. Vous pouvez ainsi faire évoluer les ambiances, jouer sur les atmosphères et sur les besoins.

Car il y a d'abord l'éclairage à vocation esthétique dont l'unique rôle est de souligner votre aménagement. Disséminé çà et là, jusque dans le revêtement de sol, il balise les zones de circulation, met en valeur les plantes, joue avec les couleurs. Étant principalement décoratif, cet éclairage est toujours indirect. Une astuce consiste à le contrôler de façon automatique via un interrupteur crépusculaire et une horloge de commande.

Grâce à ce dispositif, les lampes s'allument au crépuscule, mais s'éteignent au cœur de la nuit lorsque tout le monde est couché. Un peu d'économie n'est en effet jamais à négliger. Pour la même raison, cet éclairage fonctionnant souvent, il est préférable de l'équiper de lampes à basse consommation de type fluocompactes, de lampes à basse tension de sécurité (de 12 ou 24 volts) ou de lampes à LED (diodes électroluminescentes).

À ce premier éclairage, il faut en ajouter un second, ponctuel, pour éclairer vos activités et vous permettre de prolonger les soirées. Le lampadaire ou l'applique murale conviennent parfaitement. Prévoyez une lumière abondante, car, comme une bonne partie se perd dans la nuit sans être réfléchie par des murs ou un plafond, l'éclairage extérieur apparaît souvent chiche.

Pour la même raison, sur une grande terrasse, vous avez intérêt à implanter plusieurs points d'éclairage plutôt qu'un lampadaire central. Vous réduirez ainsi les zones d'ombre. Cet éclairement ponctuel est souvent peu utilisé. Un simple interrupteur ou un va-et-vient si la terrasse est grande suffisent donc pour le commander. Les systèmes automatiques sont en effet souvent peu adaptés à ce type d'usage, entièrement tributaire de votre humeur.

Un dernier éclairage est à prévoir, strictement utilitaire cette fois. Cette fonction peut être remplie par l'éclairage décoratif. Sinon, des lampes qui vous guident depuis l'entrée du jardin ou pour accéder au garage, constituent un luxe raisonnable et peuvent, à l'occasion, avoir un effet dissuasif. Il suffit pour cela d'asservir leur fonctionnement au moyen d'un détecteur de mouvement : le projecteur s'allume seulement lorsque vous en avez besoin, sans avoir à le commander directement. Il s'éteint ensuite automatiquement après un laps de temps réglé au préalable. Et il accomplira sa mission quel que soit le visiteur – vous, un invité ou un intrus.

DES RÈGLES STRICTES

En France, la norme NFC 15-100 définit rigoureusement les caractéristiques des installations électriques domestiques. Ces règles sont très strictes à l'extérieur. Elles imposent d'utiliser des matériels (lampes, câbles, gaines, interrupteurs) spécialement conçus à cet effet, à mettre en œuvre dans les règles de l'art. Des consignes d'installation sont obligatoires afin de protéger les utilisateurs contre les risques d'électrisation. Il faut donc impérativement confier cette réalisation à un professionnel qualifié.

À PRÉVOIR DÈS LA CONCEPTION

Ces différents réseaux d'éclairage qui équipent la terrasse doivent être reliés à l'installation principale de la maison. Cela occasionne donc de nombreux circuits, répartis selon l'usage, l'emplacement et le mode de commande.

Il est plus pratique, et plus esthétique, de dissimuler ces circuits sous le revêtement de sol. Les gaines qui protègent les câbles d'alimentation sont alors mises en place dès les premiers travaux dans l'épaisseur de la fondation. Et comme il sera difficile d'intervenir par la suite pour modifier ces réseaux, vous avez tout intérêt à prévoir leur implantation dès la conception des plans.

PROFITEZ DU SOLEIL

De nombreux modèles de luminaires de jardin fonctionnent désormais de façon autonome grâce à l'énergie solaire. Ils sont équipés d'un petit capteur photovoltaïque qui recharge une pile pendant la journée. Celle-ci alimente alors des diodes LED (Light Emitting Diodes ou DEL diodes électroluminescentes) à la nuit tombée. La durée de l'éclairage dépend du nombre de LED et de l'efficacité de la recharge pendant la journée : faible pendant l'hiver qui combine le froid, le faible ensoleillement et un jour réduit, voire nulle à l'ombre. Il faut donc soigneusement disposer la lampe pour que son capteur soit correctement orienté.
D'autre part, l'éclairage par LED présente une forte intensité mais qui éclaire peu : si une seule diode allumée se voit de très loin, il en faut beaucoup pour obtenir un éclairement convenable pour une grande table, semblable à celui d'une lampe classique.

Pensez aussi que l'utilisation de l'électricité à l'extérieur dépasse le simple éclairage. Des accessoires électroménagers, des équipements pour le son, certains barbecues fonctionnent à l'électricité. Il est dès lors utile de prévoir quelques prises, entre deux et quatre selon la surface de la terrasse, pour faciliter leurs branchements. Celles-ci seront aussi bien pratiques pour raccorder la rallonge des outils de jardin électriques, le taille-haie ou la tondeuse.

Ci-contre *Les accessoires jouent un rôle prépondérant dans la personnalisation de votre terrasse. Mais il faut faire attention à ne pas sombrer dans l'excès ou dans la faute de goût. Il en va de cet aménagement comme des autres pièces de la maison. Il faut savoir créer une ambiance, sans en faire une caricature ou une imitation hollywoodienne.*

Plantes et accessoires

Consacrez du temps à la décoration de votre terrasse. Il suffit souvent de peu pour transformer une zone dallée terne, sans attrait, semblable à un parking, en terrasse agréable où il faut bon séjourner et se prélasser. Cela tient bien sûr à la protection solaire, au mobilier, aux partitions verticales et à l'éclairage. Mais il faut compter aussi sur ces nombreux objets qui ont vocation à décorer, personnaliser, enrichir l'harmonie et l'esthétique de votre terrasse. C'est la dernière touche et probablement celle qui vous prendra le plus de temps. Car ce n'est jamais totalement fini. Il y a toujours un complément à apporter, une curiosité chinée à intégrer, des modifications à opérer.

En effet, à l'extérieur, et sur la terrasse en particulier, le décor évolue au fil des saisons, avec le temps qui passe. La végétation se développe, grandit, change de couleur, porte ses fruits. Désormais, le rosier grimpant,

Page de droite *Usez, abusez des jardinières et autres contenants pour délimiter les contours de la terrasse, apporter un peu d'animation et rythmer les volumes. Les propositions sont si nombreuses que vous pouvez composer votre décor à la manière d'un peintre, chaque élément s'inscrivant par touches sur la palette des couleurs.*

si petit lors de la plantation, est devenu envahissant, au point qu'il faut songer à le rabattre sévèrement. Dans le même temps, le bois a vieilli ; même s'il est bien entretenu, des fissures sont apparues, les différents aménagements se sont subrepticement déformés. La pierre n'est pas en reste. Elle n'a plus son éclat d'origine, les mousses se sont installées ; les lichens colonisent les zones d'ombre.

La terrasse est probablement la pièce de votre maison qui concentre le plus de vie et évolue avec elle. Le décorateur de l'ensemble est alors un chef d'orchestre qui rétablit les équilibres, réfrène les ardeurs, soutient les faiblesses. Pour accomplir cette tâche, tout repose sur l'accessoire.

JARDINIÈRES ET COMPAGNIE

La jardinière, de la plus petite accrochée sous la tonnelle, à la plus grande qui fait office de muret, ouvre la voie à une infinité de combinaisons. À vous de jouer avec ses matières - la pierre, la terre cuite, brute ou émaillée, le métal, le bois -, ses couleurs, ses dimensions, ses formes, son implantation - en périphérie, au centre, encastrée dans le revêtement de sol - et, enfin, avec ce que vous allez planter dedans. La nature s'invite, sachez l'accueillir avec les égards qui lui siéent.

> Pour votre décoration, pensez aux **bassins** d'agrément et aux **fontaines**. Les jeux d'eau, leur musique et leur reflet, apportent la fraîcheur, la quiétude et, souvent, la vie, lorsqu'un oiseau du voisinage en profite pour se désaltérer. Il n'est même pas nécessaire de voir grand. Un simple point d'eau, patiemment aménagé, suffit.

Les fontaines sont animées par des pompes immergées sur lesquelles sont raccordées les buses qui dessinent l'effet. Ces pompes servent aussi à alimenter les cascades, en circuit fermé. Le brassage permanent maintient la qualité de l'eau, favorise la vie aquatique. Quelques poissons résistants, comme les carpes koï, vous en sauront gré. Quant à la forme du bassin, vous pouvez choisir entre les modèles imposés, préfabriqués, tels le tonneau, l'abreuvoir ou le petit bassin rotomoulé, et les exercices de style qu'autorisent les bâches souples d'étanchéité.

> Invitez l'**art** sur votre terrasse, l'endroit s'y prête très bien. Exposez vos créations originales : il suffit de vous lancer ! Après tout, même les plus grands artistes ont connu des débuts difficiles. Et si vous n'avez résolument pas la fibre artistique, puisez votre inspiration chez les autres. Sculptures, pierres taillées, travaux d'ébénisterie apporteront ce raffinement délicat qui soulignera sans ostentation la distinction de votre terrasse.

N'OUBLIEZ PAS L'EAU

Les réseaux, c'est aussi l'eau. Un robinet à proximité pour remplir l'arrosoir ou le pichet est toujours bien pratique. Peut-être aussi envisagez-vous l'installation d'un bassin ou d'une fontaine. Si une alimentation en eau est nécessaire, prévoyez-la dès l'origine.

Les patios

« Patio. Nom masculin. Cour intérieure à ciel ouvert d'une maison espagnole ou de style espagnol. » Si la première partie de la définition est juste, la seconde sème la confusion. Car l'histoire du patio, à prononcer « pattio » et non « passio », est à l'image de l'évolution du Bassin méditerranéen et de la construction de l'Europe. En ignorer les racines, c'est perdre une bonne part de son symbolisme. Comme le jardin zen, le patio repose sur des règles bien définies qui en font tout le charme.

DE ROME À GRENADE

Le patio est de conception romaine. Ou plutôt, comme nombre d'évolutions de l'époque, d'origine étrusque dans un premier temps, magnifié par le génie entrepreneur de Rome. Au centre de la *domus*, l'atrium, une cour carrée, à demi protégée, était aménagée. Et au centre de l'atrium, il y avait toujours un bassin, rempli par l'eau de pluie ruisselant des toits, l'impluvium. L'atrium avait une fonction sociale. Considéré comme une pièce à part entière, il prolongeait le vestibule, l'entrée, et précédait l'exedra, où siégeait le maître de maison. Cette conception était aussi l'expression d'un art de vivre centré sur la vie familiale, l'intérieur du bâtiment, et non sur son environnement. Les murs extérieurs, dès lors, ne possèdent que peu voire pas d'ouvertures. Il est d'ailleurs intéressant de constater qu'une disposition similaire est adoptée, à la même époque mais à des milliers de kilomètres de distance, en Chine, sous l'influence du confucianisme.

En Occident, c'est la culture arabe qui a conservé les principes de la domus et de son atrium. Alors que l'Empire romain d'Occident sombrait, les traditions ont été maintenues en Afrique du Nord et au Moyen-Orient, probablement par pragmatisme. En effet, cette architecture s'adapte à merveille au climat chaud et sec. Les murs d'enceinte tempèrent l'ardeur du soleil, et celle des pillards, à ne pas négliger en ces temps troublés. L'eau, si rare, prend valeur de symbole.

L'ensemble, les bâtiments et leur syncrétisme, a été recueilli en l'état par la religion musulmane. Et c'est elle qui l'a ramenée dans ses bagages en Europe et particulière-

Page de gauche *Niché au cœur de la maison, le patio est un espace intime, en équilibre sur la frontière délicate entre l'intérieur et l'extérieur. Depuis ses origines antiques, il a connu bien des évolutions. Mais son esprit demeure et il reste toujours ce lieu fédérateur où les occupants de la maison aiment se retrouver.*

ment en Andalousie. Le patio des Lions de l'Alhambra de Grenade, des derniers souverains Nasrides, est une véritable merveille. En son centre, trône une fontaine portée par douze lions, à partir de laquelle s'écoulent quatre rigoles orientées sur les points cardinaux. Notez également que cette conception de cour fermée bordée d'une galerie se retrouve aussi dans les cloîtres des abbayes et des cathédrales chrétiennes.

UN CENTRE DE VIE

Les patios modernes ont trop souvent perdu cette symbolique. Ils se sont mués en cours anonymes, sans affectation, uniquement dévolues au passage, à un raccourci pratique d'une aile à l'autre de la maison. Aussi, il n'y a pas matière à disserter sur le choix des matériaux : toutes les solutions proposées dans cet ouvrage conviennent.

Il est plus judicieux de s'interroger sur la fonction de cet espace, au centre de la maison et encadré de murs. En retrouvant son principe fondamental, le patio redevient le centre de la vie sociale.

Pour cela, il faut le rendre agréable à l'œil, depuis toutes les pièces de la maison qui possèdent une ouverture dans sa direction. Il faut aussi prendre plaisir à y séjourner, dès que le temps s'y prête, pour recevoir ou se retrouver en famille. Votre patio conjugue dès lors le rôle de salon, de lieu de détente, d'échange, au sein d'une nouvelle intimité retrouvée. Cela revêt bien plus d'importance et mérite plus d'attention qu'un prix de revient au mètre carré !

Page de gauche, en haut *Une cour d'immeuble entièrement minérale peut se transformer en patio. Il faut alors jouer d'artifice, sur les revêtements et l'habillage des façades. Au final, le résultat est insolite et ne cesse d'intriguer.*

Page de gauche, en bas *À contrario, dans un espace semblable, la nature retrouve ici droit de cité, dans tous les sens du terme puisque nous sommes au cœur de la ville. C'est une reproduction en miniature, une évocation nostalgique qui prête à la rêverie, au calme et à la volupté.*

Ci contre, en haut *Une variation de patio à l'anglaise, avec son gazon taillé aux ciseaux et son dallage impeccablement aligné. Tout se tient dans des règles simples et une géométrie stricte, y compris la plate-bande exubérante mais minutieusement entretenue.* So british !

Ci contre, en bas *La création contemporaine adopte à son tour les canons du patio, pour mieux les détourner à son avantage. Il en résulte des ensembles minéraux, aux nuances de gris savamment déclinées.*

Conseils pratiques

Vous l'avez compris au fil des pages précédentes, la réalisation d'une terrasse ne doit rien céder à la précipitation. Le temps que vous consacrez à sa conception est un investissement qui vous apportera de véritables satisfactions en matière d'aménagements, de durée du chantier et de coûts. C'est aussi et surtout la meilleure assurance pour éviter les regrets. Bien sûr, la perfection n'est jamais de mise et il y aura toujours des détails qui mériteront une amélioration. Mais une bonne préparation vous protégera des erreurs grossières, d'une surface trop petite, d'un revêtement inadapté ou d'une exposition calamiteuse. Alors, dressez des plans, discutez, doutez, changez d'avis, demandez conseil, et commencez par étudier ces principes de base que tous les décorateurs connaissent.

Le cadre réglementaire

Vous avez de la chance. L'aménagement d'une terrasse est probablement la seule réalisation extérieure que vous pouvez effectuer chez vous sans solliciter la moindre autorisation. Quelle que soit sa surface, votre terrasse ne nécessite pas de permis de construire, pas plus que de déclaration de travaux.

Page de gauche Le cadre réglementaire s'applique également aux terrasses, au même titre que les autres éléments de construction. En connaître tous les arcanes vous met à l'abri des tracasseries administratives et surtout permet de vous prémunir de conflits éventuels avec votre voisinage. En effet, ce sont souvent des interprétations divergentes des règles sociales qui entretiennent les mauvaises relations.

Évidemment, il y a bien un lot conséquent d'exceptions. Par exemple, il suffit que votre terrasse soit surélevée. Passé 60 cm au-dessus du sol, le Code de la construction s'applique. Le dépôt d'une déclaration de travaux auprès de la mairie est alors obligatoire dès que la surface de votre terrasse dépasse 2 m^2 ! Au-delà de 20 m^2, c'est une demande de permis de construire complète que vous devez déposer.

La déclaration de travaux est également réclamée si vous modifiez l'aspect de votre façade. C'est le cas par exemple si vous agrandissez une ouverture pour faciliter l'accès à la terrasse, si vous installez un store banne ou si vous en profitez pour effectuer un ravalement.

D'autres conditions particulières peuvent s'appliquer si vous habitez au voisinage d'un site classé, dans une zone protégée ou spécialement définie dans le PLU, le

LE LOTISSEMENT

Si vous habitez dans un lotissement, lisez soigneusement tous les articles de son règlement intérieur, de copropriété ou autre. Il peut contenir de très nombreuses contraintes – consignes et critères à respecter –, assorties d'autorisations à solliciter, destinées à préserver l'harmonie de l'ensemble et à prévenir les dérives iconoclastes qui pourraient, un peu, choquer vos voisins, ou, surtout, diminuer la valeur du patrimoine de chacun. Ces règles sont souvent ridicules, tatillonnes mais néanmoins obligatoires.

Il n'y a généralement pas d'autre solution que d'établir un dossier détaillé présentant toutes les facettes de votre projet. L'ignorer peut déboucher sur des relations de voisinage dégradées, à l'origine de quiproquos, de commentaires et d'idées reçues souvent très désagréables. La situation peut même dégénérer jusqu'à l'action judiciaire, la condamnation et l'obligation de remettre les lieux dans leur état d'origine, même s'il s'agit de votre jardin.

C'est une variante de l'adage classique : « on choisit ses amis, mais pas sa famille ». Ni ses voisins, donc. Alors, faites en sorte de respecter leur quiétude. Et la vôtre.

plan local d'urbanisme qui remplace désormais le POS (plan d'occupation des sols). Il est donc prudent de vous renseigner auprès des services d'urbanisme de votre mairie. Un simple appel téléphonique peut vous prémunir de nombreuses tracasseries par la suite.

Implanter la terrasse

La genèse d'un projet de terrasse naît toujours d'une envie, d'une image aux contours flous, forgée dès les premiers temps. « Là, nous ferons la terrasse. » Désormais, au pied du mur, il faut concrétiser tout cela.

L'ORIENTATION

En règle générale, la terrasse est associée à une pièce à vivre de la maison, le salon dans la plupart des cas et parfois une chambre. Elle peut occuper toute la longueur de la façade ou seulement une partie. Dans le premier cas, plusieurs pièces donnent sur la terrasse. Vous pouvez aussi la morceler et concevoir un aménagement sur toute la périphérie de la maison, associant des passages, des accès et des zones à la surface adaptée en fonction de l'activité ou de l'orientation. L'unité d'ensemble sera alors assurée par le revêtement de sol.

Exposée plein sud, la terrasse bénéficie du maximum d'ensoleillement. C'est un avantage précieux tout au long de l'année, sauf durant les mois les plus chauds. Une protection solaire efficace est alors indispensable pour éviter que l'endroit ne se transforme en four. À l'inverse, une terrasse aménagée devant la façade nord de la maison ne recevra pas le soleil. C'est un atout en période de canicule car l'ombre dispensée par la masse de la maison reste toujours fraîche.

Une terrasse à l'est est idéale le matin pour profiter du lever de soleil et déjeuner à l'invitation de ses premiers rayons. L'ensoleillement passe progressivement au mitan du jour. L'ombre grandit en même temps que la température s'élève. L'été, celle-ci atteint son maximum à 16 heures, le soleil parvenant à son zénith 2 heures plus tôt, à 14 heures. Une terrasse orientée à l'est bénéficie de l'ombre de la maison à ce moment-là. Souvent négligée, cette exposition est finalement la meilleure.

La plus mauvaise exposition est probablement son opposée, à l'ouest. Car la terrasse est alors à l'ombre le matin et conserve la fraîcheur humide de la nuit. Et lorsque le soleil projette ses derniers feux en fin de journée, presque à l'horizontale, il est pratiquement impossible de s'en prémunir efficacement, au moment où il fait le plus chaud.

Ci-dessus *La terrasse constitue naturellement un prolongement du séjour. L'orientation est donc souvent déterminée par la maison elle-même. Et l'une des grandes évolutions de ces dernières années est de prendre en compte cette disposition pour en tirer le meilleur parti. L'architecture bioclimatique réfléchit à l'orientation des implantations, reproduisant en cela la sagesse de nos anciens.*

L'orientation tient compte de la disposition de la maison mais aussi de l'environnement. Les bâtiments voisins peuvent avoir une vue directe et plongeante sur votre terrasse ou de grands arbres peuvent gêner la vue et dispenser une ombre trop importante. Il faut également considérer la pente éventuelle du terrain. Un changement d'orientation permet parfois de simplifier les travaux.

LA SURFACE

Il n'y a aucune limite supérieure à respecter pour la surface de votre terrasse. Si elle occupe tout le terrain, elle devient simplement une cour, ou un jardin zen. Bien sûr, plus la superficie est importante, plus l'aménagement de la terrasse coûte cher.

La tentation est alors grande de réduire les dimensions au strict nécessaire. Mais il ne faut pas descendre en dessous de 9 m². Cela correspond à une surface de 3 m de côté, soit tout juste ce qu'il faut pour installer une table, six chaises et laisser une petite zone de circulation autour pour pouvoir se déplacer. Ces 3 m s'entendent en largeur comme en profondeur. Par exemple, une terrasse de 5 m de large pour 2 m de profondeur sera peut-être plus grande (10 m²), mais elle sera moins pratique, la profondeur étant insuffisante.

LA MISE EN ŒUVRE

Un bricoleur confirmé est tout à fait capable de mener à bien la réalisation d'une terrasse, à condition de connaître les principes de base de la maçonnerie, d'être aidé et de disposer du matériel adapté. Ces règles sont particulièrement importantes pour le terrassement ou si vous envisagez de réaliser une dalle de béton.

Deux solutions s'offrent alors à vous. La première consiste à réaliser le gros œuvre, louer le matériel, la mini-pelleteuse notamment, et à vous faire livrer le béton prêt à l'emploi, en camion toupie.

La seconde est de faire appel, pour cette partie du chantier, à un maçon. Ainsi, vous vous réserverez l'étape sûrement la plus intéressante et sans doute la plus facile de la réalisation, soit la pose du revêtement de sol et les aménagements.

C'EST MATHÉMATIQUE !

Si vous pouvez choisir la longueur et la profondeur de votre terrasse, il est plus judicieux de raisonner à partir de mesures divisibles par 3 plutôt que par 2 ou 5. L'estimation des quantités est plus facile et les découpes sont ainsi limitées.

Prenez l'exemple d'une terrasse en dalles. Sur une mesure de 3 m, vous pouvez aligner dix dalles de 30 cm ou six dalles de 50 cm, en largeur comme en profondeur. Si vous choisissez des dalles de 40 cm, il en faut sept entières plus une demie. L'autre moitié de la coupe sera utilisée pour le rang suivant. Il n'y aura donc pas de déchet, quel que soit votre choix de revêtement. Mais sur une mesure de 2,50 m, divisible par 2 et par 5, seules cinq dalles de 50 cm conviennent. En effet, avec des dalles de 30, il en faut huit entières plus un tiers. La dalle recoupée peut encore servir pour le rang suivant, mais les joints seront décalés. Si vous souhaitez conserver des joints alignés, il faut procéder à une nouvelle recoupe – et perdre un tiers de dalle, inutilisable. Avec des dalles de 40, c'est encore pire, puisqu'il en faut six entières plus un quart, soit une petite languette de 10 cm de large coincée en bout de rang. Désastre esthétique garanti !

Si vous n'avez pas de goût pour le bricolage, faites intervenir un professionnel qualifié. Malgré les idées reçues, le coût final du chantier est à peine supérieur à celui d'une réalisation personnelle parce que les rabais sur les matériaux compensent une bonne partie des frais de main-d'œuvre. D'autre part, vous disposez d'une garantie de résultat. Et la durée du chantier est limitée, même s'il faut parfois attendre longtemps qu'il finisse par débuter !

Ci-dessus *Les proportions générales de la terrasse doivent être estimées en fonction du caractère imposant ou non des façades et de la surface du jardin.*
Mais de nombreuses astuces permettent de jouer avec ces règles trop strictes. En ville, la terrasse peut tout à fait correspondre à la surface entière du jardin. Ailleurs, des artifices, des plantations, des accessoires, masquent les contours, brouillent les perspectives…

Index

Remerciements

L'auteur et l'éditeur remercient

Guy Lainé, architecte-paysagiste (06 60 62 03 12) : www.guy-laine.fr ; Atelier des Granges : www.atdg.com ; Bradstone : www.bradstone-jardin.com ; Cerland : www.cerland.fr ; Castorama : www.castorama.fr ; Lapeyre : www.lapeyre.fr ; Marlux Klaps : www.marlux.be

Crédits photos

Atelier des Granges : p. 12.

J. Bertrand : p. 20b, 22a (conception Guy Lainé).

Biosphoto
M. Alexander : pp. 13, 51d, 78 ; E. Borkowski : pp. 86-87, 88a, 89a, 96 (Design J. Greve), 116b, 123 ; R. Butcher : p. 80 ; FhF GreenMedia : p. 36a ; S. Gibbons : p. 111 ; J. Harpur : pp. 34 (design C. Bradley-Hole) C. Bradley, 57, 104, 109, 117a ; F de Heel : pp. 101, 117b ; R. Sutherland : pp. 36b, 48, 100 ; J. Wade : pp. 52-53 ; S. Watson : p. 94.

Bradstone : pp. 39, 45, 69b, 69c, 79, 81.

Canjaere-Querex : p. 25.

Cerland : p. 11.

Castorama : pp. 27, 51b.

D. Coutan : p. 20a (conception Guy Lainé).

D. Deblock : p. 31b (conception Guy Lainé).

M. Dumas : p. 90 (conception Guy Lainé).

Eyedea
C. Aubriac : p. 92 ; T. Dupaigne : p. 114.

Fotolia
O. Aydin : p. 51a ; C. Chabal : p. 51e ; S. Pedroso : p. 62b.

Garden Picture Library
B. Thomas : p. 116a.

Georges Rambaud mobilier : p. 103a.

Inside
S. Anton : p. 71 ; B. Claessens : pp. 37a, 37b ; S. Clément : p. 62a ; C. Devirieu : p. 113 ; M. Green : p. 41 ; J. Hall : p. 15 ; A. Norrsell/House of Pictures : p. 63 ; E. Saillet : p. 61 ; S. Upton/I.A. : p. 65 ; A. Von Einsiedel : pp. 47, 59 ; D. Vorillon : pp. 67, 121 ; W. Waldron : p. 93.

G. Lainé (conception Guy Lainé) : pp. 20a, 21, 22 b et d, 31c, 33, 38.

Lapeyre : pp. 99, 102, 103.

Marlux Klaps : p. 69a.

Mise Au Point
A. Descat : p. 107 ; N. et P. Mioulane : pp. 19, 89b ; C. Nichols : pp. 42, 105, 118 ; N. Pasquel : pp. 16-17 (conception Guy Lainé), 84.

A. Petzold : p. 31a (conception Guy Lainé).

Plain Picture/Arturimages
R. Halbe : p. 8 (architecte Arsenio Perez Amaral).

Rustica
F. Marre : pp. 51c, 54, 56, 88b, 125.

J.-C. Thobois : p. 22c (conception Guy Lainé).

En couverture : photo de J. Harpur/Biosphoto (design L. Giubbilei)

Les dessins ont été réalisés par Dominique Klecka.

Conception graphique et mise en pages : ●☽☾○

Suivi éditorial : V. Jeannot

Suivi de fabrication : A. Floutier

Photogravure : Altavia Lille

F09028

Achevé d'imprimer en avril 2009 par Pollina (France) - L49454B